一流本科专业一流本科课程建设系列教材

汽车动力装置仿真与设计

主　编　刘晓日　李孟涵　张铁臣
参　编　王　坤　赵玉龙　杨建成　黎　苏

U0307189

机 械 工 业 出 版 社

本书讲述了内燃机、动力电池和燃料电池等汽车动力装置的仿真基本理论、仿真方法、评价依据和优化设计措施。全书共 7 章，主要介绍了内燃机受力和平衡分析，曲轴、连杆、活塞、缸盖、机体、缸套等内燃机主要零部件的仿真与设计，配气机构运动学、动力学和性能仿真，活塞环-缸套润滑、径向轴承润滑、冷却水腔流动传热和活塞喷油冷却的仿真与设计，新能源汽车动力电池热管理和结构的仿真与设计，新能源汽车燃料电池水热管理仿真与双极板结构设计。本书提供了 Python 编程例题和仿真实例例题，以利于读者更好地理解和实践。

本书可作为能源与动力工程和车辆工程等专业本科生和研究生的教材或教学参考书，也可作为从事汽车动力装置（包括内燃机、混合动力、动力电池和燃料电池等）仿真和设计的工程技术人员的参考书。

图书在版编目（CIP）数据

汽车动力装置仿真与设计/刘晓日，李孟涵，张铁臣主编. —北京：机械工业出版社，2023.10
一流本科专业一流本科课程建设系列教材
ISBN 978-7-111-74094-0

Ⅰ.①汽…　Ⅱ.①刘…　②李…　③张…　Ⅲ.①汽车-动力装置-计算机仿真-高等学校-教材　②汽车-动力装置-计算机辅助设计-高等学校-教材
Ⅳ.①U464

中国国家版本馆 CIP 数据核字（2023）第 202925 号

机械工业出版社（北京市百万庄大街 22 号　邮政编码 100037）
策划编辑：尹法欣　　　　　　　　　　责任编辑：尹法欣　杜丽君
责任校对：曹若菲　李　杉　闫　焱　　封面设计：张　静
责任印制：常天培
北京机工印刷厂有限公司印刷
2024 年 1 月第 1 版第 1 次印刷
184mm×260mm·9 印张·218 千字
标准书号：ISBN 978-7-111-74094-0
定价：39.00 元

电话服务　　　　　　　　　网络服务
客服电话：010-88361066　　机　工　官　网：www.cmpbook.com
　　　　　010-88379833　　机　工　官　博：weibo.com/cmp1952
　　　　　010-68326294　　金　书　网：www.golden-book.com
封底无防伪标均为盗版　机工教育服务网：www.cmpedu.com

前　言

在当前和未来二三十年，汽车的动力主要由内燃机、动力电池、燃料电池或混合动力装置提供。

当前本科内燃机设计教学的基础理论和方法相对比较完善，对比 1984 年出版的《柴油机设计手册》可见，大量知识在几十年内没有改变。内燃机节能减排技术发展日新月异，在内燃机现代化设计中，仿真计算的使用已经非常普遍，仿真课程也从以往的研究生课程逐渐过渡为本科生课程。

随着新能源汽车的发展，国内外大量内燃机行业企业和设计咨询公司在内燃机业务基础上开展了新能源动力业务，比如潍柴动力牵头成立了国家燃料电池技术创新中心和中国内燃机学会燃料电池发动机分会。新能源汽车动力装置的发展和人才需求对高校内燃机方向教学的发展和改革提出了新的要求。许多高校内燃机专业方向的教学内容增设了新能源汽车及其动力装置的相关课程，或将教学科研方向名称调整为动力机械、先进汽车动力、新型汽车动力等。燃料电池和动力电池系统仿真与设计技术对行业绿色发展、学生培养和就业等有积极意义，从而引发了新的教学需求。

本书的出版得到了河北工业大学本科教材建设项目支持和所在学院对能源与动力工程专业开展国家级一流本科专业建设点建设的支持。编者在本书中进行了课程思政方面的探索，注意培养学生树立高效、节能意识及绿色发展理念。

全书共 7 章，第 1 章介绍汽车动力装置开发流程与仿真应用以及仿真基础；第 2 章~第 5 章介绍内燃机仿真与设计，包括内燃机受力和平衡分析、主要零部件的仿真与设计、配气机构运动学和动力学仿真与设计、润滑和冷却的仿真与设计；第 6 章介绍动力电池热管理和结构的仿真与设计；第 7 章介绍燃料电池水热管理仿真与双极板结构设计。本书提供了 Python 编程例题和仿真实例例题，以便于读者更好地理解和实践。

全书由刘晓日、李孟涵和张铁臣负责总体框架和统稿。具体分工如下：刘晓日负责第 3~5 章编写并参与了其他各章的内容设计，黎苏负责编写第 1 章，张铁臣负责编写第 2 章，李孟涵和杨建成负责编写第 6 章，王坤和赵玉龙负责编写第 7 章。景国玺教授对全书进行了审阅，并提出了许多宝贵的意见。

在此特别感谢河北工业大学能源与动力工程专业相关同事和研究生的支持和帮助。本书的编写在结合编者团队研究成果和经验的基础上参考了许多国内外学者的研究成果，在这里对他们表示真诚的感谢。

限于编者水平，书中难免存在不足之处，恳请读者批评指正。

刘晓日

目　录

第1章

绪　　论

一直以来内燃机是汽车的主要动力装置，但是随着新能源汽车蓬勃发展，汽车动力装置的更迭给汽车行业带来巨大变化。对于汽车能源动力领域，汽车产生的石油资源消耗和生态环保问题凸显，汽车能源动力的绿色发展势在必行。《节能与新能源汽车技术路线图2.0》提出，到2035年新能源汽车销量占50%，氢燃料电池汽车保有量达到100万辆左右[1]。可见，汽车行业的动力装置将呈现出内燃机、动力电池和氢燃料电池共存的状态。本章主要介绍汽车动力装置的开发流程、仿真应用，以及仿真基础知识。

1.1　汽车动力装置开发流程与仿真应用

汽车动力装置开发流程与用途、设计目的等相关，常划分为以下几个阶段：产品开发计划阶段、产品设计和开发阶段、样机试制和试验验证阶段、设计定型和生产阶段[2]。开发流程如图1-1所示。

1. 产品开发计划阶段

调研市场需求、国家政策法规、现有研发技术水平、现有零部件制造企业的工艺和加工供给能力，组织产品研发团队，调研国内外相似产品的性能和结构方案、产品开发和使用数据，确定参考样机。通过与参考样机对比，经验公式计算，简单的热力学、动力学和整机一维仿真来确定待开发产品的基本性能和结构参数。在此阶段会编制设计任务书，内容主要包括：

1）开发该产品的目的、用途和适用范围。

2）引用文件。

3）主要设计参数和技术指标要求。

4）系统组成和总体布置、子系统研发要求。

5）检验要求。

6）试验要求。

7）标识编号要求，包括产品和技术文件等的标识编号。

8）工作分工和研究进度要求。

9）其他，如包装运输储存、经济效益分析、质保能力和顾客满意度等要求。

2. 产品设计和开发阶段

开展总体布置设计和零部件设计。确定零部件结构和尺寸，按照企业标准编制零部件CAD目录，进行详细三维CAD设计，绘制整机布置图和零部件图。常用的三维CAD软件包括 Creo PTC、CATIA、UG（Unigraphics NX）和 SOLIDWORKS 等。

根据项目任务书要求，将仿真计算应用到产品研发设计中。例如，开展汽车动力装置的流体力学计算、热管理计算和零部件结构强度计算等，内燃机还需要进行动力学仿真、润滑仿真和燃烧仿真等。

3. 样机试制和试验验证阶段

绘制加工毛坯图，明确零部件加工精度和工艺方法。根据不同加工方式、公差等要求，决定零部件加工数量和装配方式。对加工产品开展检验，包括目视检验、几何检验、根据设计任务书开展各个零部件详细检验（如金相组织、表面粗糙度和清洁度等），以及装配检验。开展性能试验、可靠性试验、耐久试验、电磁兼容性试验，以及配套试验等，考核评价产品各项指标参数是否达到设计任务书要求。通过将仿真与试验结合，可以减少试验次数，补充试验无法获得的数据。同时，试验数据可用于标定仿真模型，使仿真更加准确。

4. 设计定型和生产阶段

在综合样机试验、配套试验和仿真模拟计算的基础上，改进和优化布置方案、性能和结构设计细节。再次完成设计优化后，继续开展试制和试验验证工作，直到达到任务书要求。整理设计任务书、产品图样、检验和试验报告、仿真计算报告等技术文件，经相关部门鉴定批准后，开展小批量生产，进一步解决设计开发阶段未发现的问题，经过严格的设计和工艺调整后，最终进行正式商业化生产。

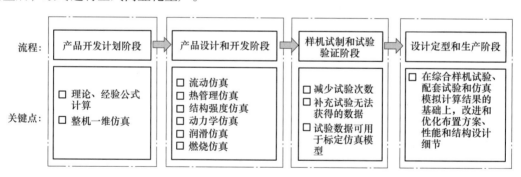

图 1-1　产品开发流程与仿真

与传统的产品开发过程相比，由仿真驱动的产品开发过程虽然在开发前期投入的工作量和成本较高，但在整个产品开发累积的产品开发时间、成本、工作量和成熟度方面均有显著的优势[3,4]。当前在汽车动力装置的研发过程中，仿真模拟计算已经成为重要的技术手段之一，几乎在整个开发流程中都有应用。例如：评估产品技术方案可行性、完成关键参数的优化与确定、减少试验次数、补充试验无法获得的数据，以及获得更深入的产品性能、理论和技术理解。而仿真的输入数据和结果验证常来源于试验测试，仿真使用的数学模型常通过试验数据和理论推导获得。

专业的车辆动力总成仿真计算软件可进行内燃机、动力电池、燃料电池和混合动力系统的仿真计算，如 AVL Simulation Suite 系列软件、GT-Suite 系列软件和 Ricardo Suite 系列软件等。对内燃机、动力电池和燃料电池中的某个具体方向的仿真研究而言，还包括以下软件：

1）燃烧和流动计算软件，如 STAR-CCM+、Fluent、AVL FIRE、CONVERGE、KIVA 和 OpenFOAM 等。

2）结构温度和应力计算软件，如 Abaqus、ANSYS 等。

3）疲劳强度计算软件，如 FEMFAT、ANSYS nCode DesignLife 和 FE-Safe 等。

4）内燃机工作过程计算软件，如 GT-POWER、AVL BOOST 和 Ricardo WAVE 等。

5）动力学计算软件，如 AVL EXCITE、ADAMS 等。

6）声学计算软件，如 LMS Virtual Lab 等。

7）多物理场计算软件，如 COMSOL 等。

现有的流体和结构仿真技术常基于网格进行计算，常见的通用网格前处理软件，如 HyperMesh；仿真计算结果后处理软件，如 Tecplot、ANSYS Ensight 等；作图软件，如 Origin、Grapher 等。此外，格子玻尔兹曼法、分子动力学、量子力学和量子化学也逐渐应用于汽车动力装置的仿真中。

为更高效地开展仿真研发工作，大型企业常开发专用的仿真管理平台或仿真自动化平台，通过将不同功能的软件集成到平台中来方便研发人员开展工作，这往往需要使用者具备一定的 Linux 系统的 Shell 命令、Windows 系统的 cmd 命令、Web 网页界面编程和软件开发接口编程（如 Python 语言）等方面的知识。当前数字化和智能化对汽车动力装置的开发影响显著，与人工智能、大数据、云计算、5G 通信和数字孪生的深度融合，将会推动汽车动力装置仿真和设计更加高质量的发展。

1.2 仿真概述

1.2.1 网格离散化

内燃机、燃料电池和动力电池的零部件或者流场在物理上一般是连续的，具有无穷多个自由度。为能够开展数学仿真计算，需要把无穷多个自由度等效减少到有限个自由度，才能实现求解。因此，需要对零部件或者流场几何区域通过划分网格进行离散化，以实现用有限个自由度来表达某零部件结构或者流场区域。网格模型的建立在仿真中是一个非常重要的内容，对于复杂工程网格模型的划分常会消耗科研人员很多时间，需要他们有充足的经验来生成高质量的网格模型。二维和三维的网格实例如图 1-2 所示。二维网格常划分为三角形和四边形等网格形状，三维网格常划分为四面体和六面体等网格形状。

通常来说，网格数目越多，网格越密集，划分出来的网格模型会更加接近真实的几何形状。但网格数目越多，计算机进行计算所需要的时间越长，内存要求也越高，开发时间也会明显变长。因此，通常对计算区域中精度要求高的区域网格划分得较密集，其他位置相对稀疏；对形状简单的区域网格划分得较为稀疏，对需要表达形状细节的区域采用加密网格。比如进行曲轴应力计算时，过渡圆角位置网格需要加密，因为该位置容易产生疲劳破坏。这意味着高质量网格的划分，需要研究人员针对具体工程问题中哪些位置是关键位置、哪些现象可能在哪些位置发生和以什么样的尺度发生等具有一定深度的理论知识和工程经验。

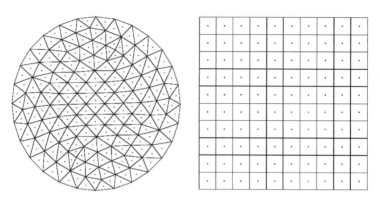

a) 圆形和正方形的二维网格模型

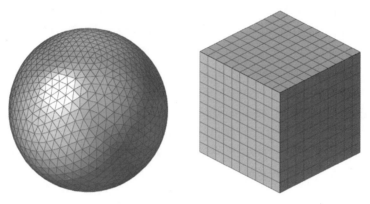

b) 球形和正方体的三维网格模型

图 1-2　二维和三维的网格实例

1.2.2　计算流体力学

计算流体力学（computational fluid dynamics，CFD）是使用数值计算方法和计算机对流动问题进行仿真模拟的。计算流体力学中常用的方法包括有限体积法和有限差分法等。对规则形状计算，可使用有限差分法，这种方法在润滑计算中常用；而对复杂形状的流动传热计算，常使用有限体积法。

计算流体力学仿真计算通常的步骤为：

1. 前处理

1）确定流体计算区域，通常将包围流体的几何表面抽取出来，该操作常使用 CAD 软件和网格前处理软件的几何处理模块实现。

2）对流体区域划分网格，建立网格模型，这一步常使用网格前处理软件实现。

2. 计算求解

1）确定流体的流动/传热特性参数，同时根据所要解决的问题，选择流体计算模型。

2）定义进、出口和壁面边界条件等。

3）确定求解方法，流场初始化，定义收敛条件和迭代次数，提交计算。

3. 后处理

结果分析，常分析流速、压降、流动均匀性和流体传热等。

1.2.3 计算结构力学

对于结构的温度、应力计算，常使用有限元法，使用有限元法进行仿真计算通常的步骤为：

1. 前处理

1）获得零部件结构 CAD 模型。

2）对零部件结构划分网格，建立离散网格模型，建立接触关系等。

3）定义位移约束条件等。约束自由度，避免产生整体约束不足，导致计算不收敛。位移约束条件对位移、应力和振动等结果有较大影响。

2. 计算求解

1）定义结构材料参数。

2）选择计算模型。

3）确定初始条件和载荷等。

4）定义迭代参数和收敛条件，提交计算。

3. 后处理

结果分析，常分析应力和变形等。

1.2.4 多体动力学

多体系统是指多个刚体或柔性体通过各种不同的运动副连接组成的复杂机械系统。多体动力学的研究对象是多体系统，主要任务是研究多体系统运动方程的建立和求解，以实现多体系统虚拟样机的建立，获得结构运动、振动和受力情况。润滑、疲劳和噪声仿真常使用多体动力学结果作为输入数据。进行多体动力学仿真计算通常的步骤为：

1. 前处理

1）组成系统的零部件结构 CAD 建模。

2）对各零部件结构划分网格，建立网格模型，根据计算要求定义模态缩减所需的主节点。后续动力学计算中保留的主节点要传递载荷等数据。

3）定义位移约束条件等。定义结构材料参数。

4）对各个零部件网格进行模态缩减。

2. 计算求解

1）构建多体动力学模型，各零部件通过模态缩减模型导入，零部件之间的连接通过线性或者非线性模型构建，如摩擦副的润滑油膜可以耦合非线性的润滑方程联合求解。

2）定义初始条件和载荷等。

3）定义迭代参数和收敛条件，提交计算。

3. 后处理

结果分析，常分析运动、振动和受力结果。

1.2.5 实例应用——管道流动仿真计算

例 1-1 管道流动仿真计算。

一根圆管的内径为 0.04m，长度为 2m，水从一端流入的速度为 0.1m/s，流出出口的压力为 0，要求通过 CFD 仿真分析管内流速情况。

解 1. 前处理

1）确定流体区域几何（图 1-3），建立流体求解区域的 CAD 模型。

图 1-3 管道内流体区域的几何

2）对流体区域划分网格，建立网格模型（图 1-4）。

图 1-4 管道流动网格模型

扫码查看彩图

2. 计算求解

1）水的密度为 998.2kg/m³，黏度为 0.001003Pa·s，入口速度为 0.1m/s，圆管的内径为 0.04m，则 $Re=3980$，可见 $Re>2300$ 需使用湍流计算方程，这里使用标准 $k\text{-}\varepsilon$ 双方程模型计算湍流，近壁面使用增强壁面函数。

2）边界条件：

入口速度为 0.1m/s，湍流强度 $I=0.16Re^{-0.125}$，$I=5.677\%$，水力直径为 0.04m。

出口压力为 0。

管道壁面为固定壁面。

3）使用 Simple 方法和二阶迎风格式求解，定义压力、密度、体积力、动量、湍动能、湍流耗散率和湍流黏度的亚松弛因子分别为 0.3、1、1、0.7、0.8、0.8、1。

流场初始化，从入口初始化：速度为 0.1m/s，压力为 0，湍动能 $k=4.834249\times10^{-5}\text{m}^2/\text{s}^2$，湍流耗散率 $\varepsilon=1.972502\times10^{-5}\text{m}^2/\text{s}^3$。

定义各参数的收敛残差为 10^{-6}，最大迭代次数 1000 步，提交计算。

3. 后处理

出口速度分布云图如图 1-5 所示，管道内速度分布云图如图 1-6 所示。可见，速度在壁面处为 0，在中心位置最大。在该工作条件下，直管内速度几乎没有损失。

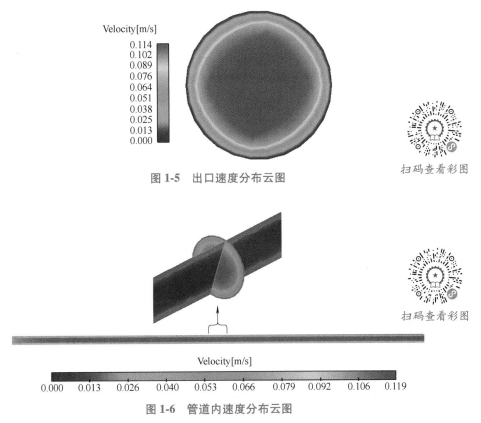

图 1-5　出口速度分布云图

扫码查看彩图

图 1-6　管道内速度分布云图

扫码查看彩图

1.2.6　Python 数值计算编程基础

众多数值仿真计算商业和开源软件的接口和二次开发等常使用 Python 进行编程开发。Python 也是当前兴起的主流编程语言之一，具有简单、易学、易编程和开源免费等特点，在数值计算中的应用也越来越广泛，经典的科学计算库 NumPy（numerical Python）、SciPy（scientific Python）和 Matplotlib 的组合在数值编程时常用于替代 MATLAB，是一个开源的、强大的科学计算环境。此外，Python 是人工智能编程的主流工具之一。本书中部分仿真计算实例提供了使用 Python 编写的代码。

1. Python 安装

考虑到从 Python 3.9 版本开始就不能用于 Win7 及更早的 Windows 版本，这里选用 Python 3.8.10。下载 Windows 系统适用的 64 位安装包 python-3.8.10-amd64.exe，注意安装时要勾选 Add Python 3.8 to PATH，如图 1-7 所示。

2. NumPy、SciPy、Matplotlib 简介

Python 语言如果使用循环计算，其运算速度与 C 和 C++ 等语言相差较大。因此在使用 Python 编程计算时，应尽量避免大规模的循环。而数值计算常常需要进行离散和迭代等大规模计算，因此提高运行速度十分重要。同时需要便捷可用的数学函数才能更好地进行数值计算。NumPy 支持大量的维度数组与矩阵运算，运行速度快。SciPy 是基于 NumPy 的科学计

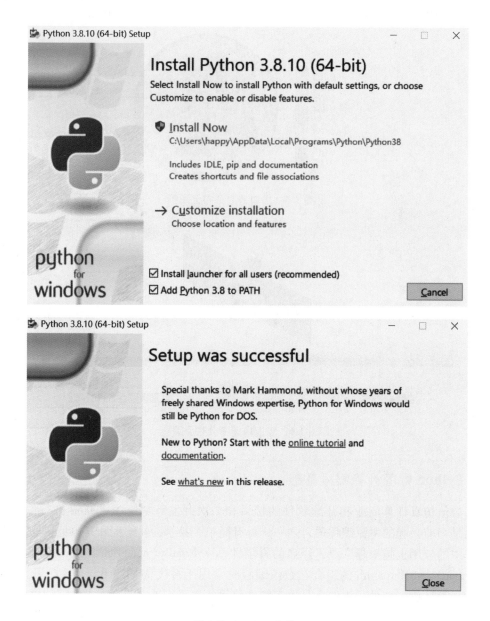

图 1-7 Python 安装

算库,包含积分、插值、最优化、快速傅里叶变换等科学与工程中常用的计算模块。Matplotlib 是 Python 的绘图库,通过它能轻松地将数据图形化。

为方便使用 Python 对书中后续内容开展编程,这里简单介绍一下 NumPy、SciPy、Matplotlib 的安装方法。64 位计算机上选择 NumPy、SciPy 和 Matplotlib 安装包时均选择 cp38-cp38-win_amd64 安装包。下载 NumPy、SciPy 和 Matplotlib 安装文件,文件名分别为:numpy-1. 21. 1-cp38-cp38-win _ amd64. whl、scipy-1. 7. 1-cp38-cp38-win _ amd64. whl 和 matplotlib-3. 4. 2-cp38-cp38-win_amd64. whl

Windows 系统下打开 cmd 命令提示符,使用 cd 进入安装包的下载文件夹,使用 dir 查看当前文件夹下的文件，如图 1-8a 所示。使用 Python 自带的 pip 工具安装 NumPy、SciPy 和 Matplotlib，需要注意，安装 Matplotlib 前需要先安装 NumPy，且需有网络连接。在 cmd 命令提示符中依次输入：

pip install numpy-1. 21. 1-cp38-cp38-win_amd64. whl

pip install scipy-1. 7. 1-cp38-cp38-win_amd64. whl

pip install matplotlib-3. 4. 2-cp38-cp38-win_amd64. whl

安装完成提示，如图 1-8b 所示。

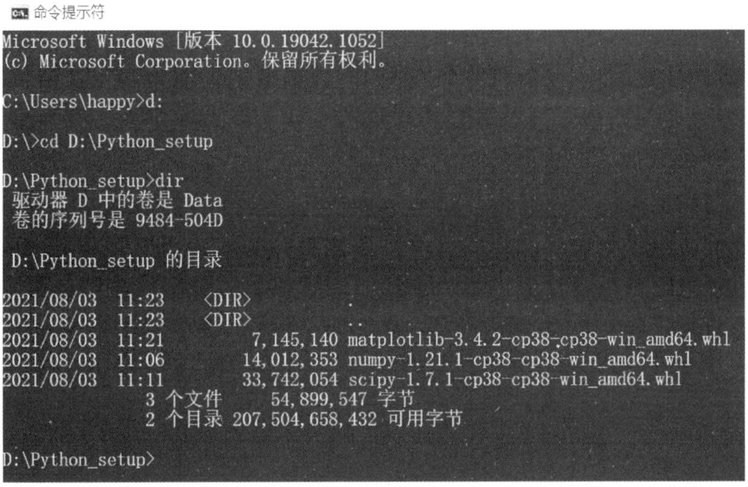

a) 运行 cmd 命令进入安装文件夹

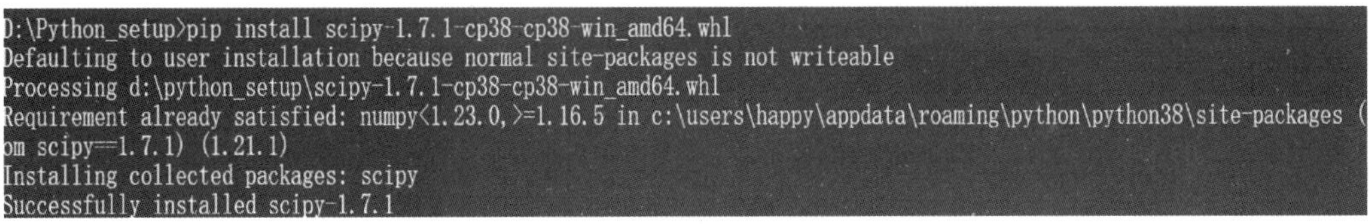

b) 以 SciPy 为例的安装命令

图 1-8 NumPy、SciPy、Matplotlib 安装

3. Python 实例应用

插值是数值计算中最为常用的数学方法之一。这里给出简单的插值实例，对插值的概念和方法，以及 Python 编程、NumPy、SciPy 和 Matplotlib 库的调用进行介绍。

例 1-2 使用 NumPy、SciPy 和 Matplotlib 库的插值应用实例。

使用 $y = \sin(x)$ 检验插值方式的区别，x 从 0 到 2π 范围等间距取 9 个值，带入 $y = \sin(x)$ 得到 9 个离散点，这 9 个点均位于 $y = \sin(x)$ 这条正弦曲线上。对这 9 个点分别使用最近邻插值（nearest）、分段线性插值（linear）和三次样条插值（cubic），检验三种插值方法的区别。

解 建立空白文本文件 chazhi. py，右键选择 Edit With IDLE（IDLE 是安装 Python 时自带的编辑器）。"#" 在 Python 中起到注释作用，在 chazhi. py 中输入以下代码：

chazhi. py

```
# - * - coding:utf-8 - * -
    import numpy as np
    import matplotlib. pyplot as plt
    from scipy. interpolate import interp1d
    from math import pi


    x = np. linspace(0,2.0 * pi,9)              # x 从 0 到 2 * pi,等间距分成 9 个点
    y = np. sin(x)                              #使用 sin 函数获得对应的 y 值


    xi = np. linspace(0,2.0 * pi,360)# xi:360 个待插值点的横坐标
    yi_nearest = interp1d(x,y,kind = 'nearest')(xi)     #对 xi 按最近邻插值获得 yi_nearest
    yi_linear = interp1d(x,y,kind = 'linear')(xi)       #对 xi 按分段线性插值获得 yi_linear
    yi_cubic = interp1d(x,y,kind = 'cubic')(xi)         #对 xi 按三次样条插值获得 yi_cubic


    plt. figure(1)
    plt. scatter(x,y,color = 'red',label = 'point')#绘制初始数据的散点图
    plt. plot(xi,yi_nearest,color = 'green',linestyle = 'dotted',label = 'nearest')#绘制近邻插值线图
    plt. plot(xi,yi_linear,color = 'blue',linestyle = 'dashed',label = 'linear')#绘制分段线性插值线图
    plt. plot(xi,yi_cubic,color = 'black',linestyle = 'solid',label = 'cubic')#绘制三次样条插值线图
    plt. legend(loc = 'upper right',fontsize = 18)
    plt. show()
```

运行得到图 1-9 所示结果,9 个点用 point 标记,图中还有最近邻插值(nearest)、分段线性插值(linear)和三次样条插值(cubic)。

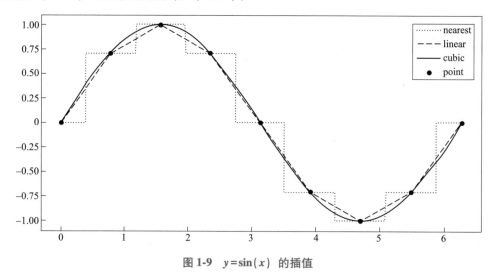

图 1-9　$y = \sin(x)$ 的插值

在该实例中,某一个待求点(记为点 I),已知其横坐标 x_I 通过插值获得 y_I。

最近邻插值:首先根据 x_I 计算与 9 个已知点的距离,获得与该待求点 I 距离最近的已知

点（记为点 A），并令 I 点的纵坐标 y_I 与 A 点的 y_A 相等。因此，使用最近邻插值时，在两个已知点的中间位置会出现阶梯突变，如图 1-9 中 nearest 线所示。

分段线性插值：首先根据 x_I 计算与 9 个已知点的距离，获得与该待求点 I 距离最近的两个已知点（记为点 A 和 B），通过点 A 和点 B 的坐标可以获得连接点 A 和点 B 的线段的方程，再根据 x_I 可得 I 点的纵坐标 y_I。

$$y_I = y_A + \frac{y_B - y_A}{x_B - x_A}(x_I - x_A)$$

所以，图 1-9 中 linear 线在 9 个已知点之间均为直线段。

三次样条插值：样条函数是分段三次多项式，样条曲线是由一段段三次曲线拼成的曲线，而且具有连续的二阶导数，所以具有较好的光滑性。其理论较为复杂，此处不展开介绍，插值结果如图 1-9 中 cubic 线所示。

x 从 0 到 2π 范围等间距取 120 个值，带入 $y = \sin(x)$ 得到 120 个离散点，如图 1-10 所示，120 个点准确地位于三次样条插值 cubic 所得曲线上。可见，三次样条插值与 $y = \sin(x)$ 的真实值差别可以忽略，建议在插值时使用三次样条插值。

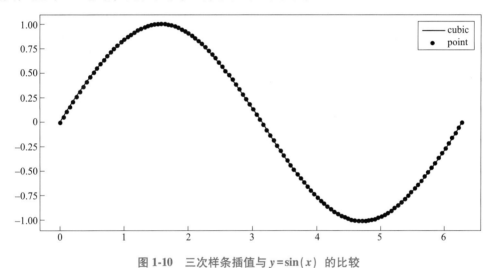

图 1-10　三次样条插值与 $y = \sin(x)$ 的比较

习　　题

1-1　汽车动力装置开发流程包括哪些内容？

1-2　流体流动仿真的一般流程是什么？结构仿真的一般流程是什么？多体动力学仿真的一般流程是什么？

1-3　划分网格模型是越密越好吗？为什么？

1-4　一根 90°弯管的内径为 10mm，两端直管段的长度各为 100mm，弯管段的半径为 50mm。水从一端流入的速度为 0.1m/s，流出出口的压力为 0，要求通过 CFD 仿真获得管内流场和压降。

1-5　在流体流动传热仿真计算时，残差达到设置要求，是不是就不需要继续计算了？

1-6　对表 1-1 中缸内压力数据使用 NumPy 建立数组，使用 SciPy 进行样条插值，插值间隔曲轴转角 1°，使用 Matplotlib 绘制插值后的曲线。

表 1-1　缸内压力数据

曲轴转角/(°)	缸内压力/Pa
0	$5.64×10^6$
3	$6.29×10^6$
6	$6.72×10^6$
9	$6.88×10^6$
12	$6.76×10^6$
15	$6.45×10^6$
18	$6.00×10^6$
21	$5.49×10^6$
24	$4.96×10^6$
27	$4.45×10^6$
30	$3.97×10^6$

参 考 文 献

[1] 中国汽车工程学会. 节能与新能源汽车技术路线图 2.0 [M]. 2 版. 北京：机械工业出版社，2021.

[2] 袁兆成. 内燃机设计 [M]. 3 版. 北京：机械工业出版社，2019.

[3] MENNE R, RECHS M. 大批量生产发动机的优化开发过程：缩短内燃机研发时间 [M]. 倪计民团队，
译. 北京：机械工业出版社，2021.

[4] SUFFA M, ZIEHER F, ENNEMOSER A, et al. AVL 如何将 CAE 集成到产品开发过程中 [EB/OL].
(2011-07-28) [2022-07-20]. https://d.wanfangdata.com.cn/conference/7388122.

第2章

内燃机受力和平衡分析

本章将主要介绍中心曲柄连杆机构活塞位移、速度、加速度及气缸瞬时容积的计算，以及内燃机所受气体力、惯性力和转矩，并对旋转和往复惯性力开展平衡分析和设计。应注意在内燃机曲柄连杆机构运动、受力和平衡等工程问题中，数学和物理理论与实际工程问题的联系。

2.1 内燃机受力计算和分析

2.1.1 曲柄连杆机构运动规律

往复式内燃机通过燃烧产生缸内压力，经过活塞、连杆和曲轴将活塞往复运动转换成曲轴旋转运动。常见的曲柄连杆机构为中心曲柄连杆机构、偏心曲柄连杆机构和关节曲柄连杆机构，其中最简单的是中心曲柄连杆机构，如图 2-1 所示。中心曲柄连杆机构的特点是气缸轴线通过曲轴旋转中心。图 2-1 中，AB 代表连杆，OB 代表曲柄，B 点代表曲柄销中心，它以角速度 ω 做旋转运动，曲柄转角为 φ；A 代表活塞销中心，A 做往复运动，活塞位移记为 x；AB 做平面摆动，连杆摆角为 β。

在对中心曲柄连杆机构活塞运动规律进行计算时，应注意：

1）假设曲轴是匀速转动的，实际曲轴转速存在波动，这里假定是匀速的。

2）坐标系：原点位于 A'，x 轴正向与上止点向下止点运动方向相同。曲柄转角 $\varphi = 0°$

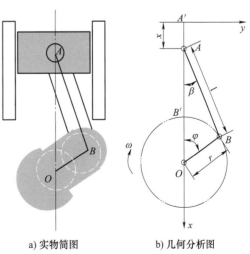

a) 实物简图　　　b) 几何分析图

图 2-1　中心曲柄连杆机构

A—活塞销中心　B—曲柄销中心　O—曲轴旋转中心

l—连杆长度　r—曲柄半径

A'—上止点活塞销中心　B'—上止点曲柄销中心

时，活塞位于上止点位置；曲柄转角 $\varphi = 180°$ 时，活塞位于下止点位置。由于在将活塞运动规律用于气门和活塞干涉校验、活塞组-缸套润滑和传热计算时涉及不同坐标系的转换，需格外注意这里计算使用的坐标系。

在 $\triangle AOB$ 中，根据正弦定理和广义二项式定理可以推导得活塞的位移 x，对位移 x 求导数得到速度 v，对速度 v 求导数得加速度 a。

$$x = r\left[(1 - \cos\varphi) + \frac{1}{4}\lambda(1 - \cos2\varphi)\right] = x_{\mathrm{I}} + x_{\mathrm{II}} \tag{2-1}$$

$$v = r\omega\left(\sin\varphi + \frac{1}{2}\lambda\sin2\varphi\right) = v_{\mathrm{I}} + v_{\mathrm{II}} \tag{2-2}$$

$$a = r\omega^2(\cos\varphi + \lambda\cos2\varphi) = a_{\mathrm{I}} + a_{\mathrm{II}} \tag{2-3}$$

式中，x 为活塞位移（m）；v 为活塞速度（m/s）；a 为活塞加速度（m/s²）；r 为曲柄半径（m）；ω 为曲轴转速（rad/s）；φ 为曲柄转角（°）；λ 为曲柄连杆比，$\lambda = r/l$，其值常为 $1/5 \sim 1/3$；下角标 I、II 分别指一阶、二阶谐量。一阶谐量对应曲柄转角 φ，与曲轴同步；二阶谐量对应 2φ，比曲轴快 1 倍，因此，在进行实际的活塞位移、速度和加速度分析时要关注一阶和二阶谐量的影响。

实际内燃机中活塞销常为偏心布置，当气缸中心与曲轴中心重合时，其活塞运动位移 x_{e}、速度 v_{e} 和加速度 a_{e} 的计算公式为

$$x_{\mathrm{e}} = r\left[(1 - \cos\varphi) + \frac{1}{4}r(1 - \cos2\varphi) - \lambda\xi\sin\varphi\right]$$

$$v_{\mathrm{e}} = r\omega\left(\sin\varphi + \frac{1}{2}\lambda\sin2\varphi - \lambda\xi\cos\varphi\right)$$

$$a_{\mathrm{e}} = r\omega^2(\cos\varphi + \lambda\cos2\varphi + \lambda\xi\sin\varphi)$$

其中，偏心率 ξ = 偏心量/曲柄半径，由于偏心量小，$\lambda\xi\sin\varphi$ 和 $\lambda\xi\cos\varphi$ 小，因此使用中心曲柄连杆机构的活塞运动规律仍可以表示偏心曲柄连杆机构的活塞运动规律，其差距不大[1]。

活塞平均速度 v_{m}（单位 m/s）是内燃机的主要参数之一，与内燃机功率成正比。曲轴 1 转对应的时间（单位 s）为 $60/n$，同时对应的活塞位移（单位 m）为 $2S$，可得

$$v_{\mathrm{m}} = \frac{2Sn}{60} = \frac{Sn}{30} \tag{2-4}$$

有效功率 P_{e}（单位 kW）的计算公式为

$$P_{\mathrm{e}} = \frac{p_{\mathrm{me}} V_s n i}{30\tau} = 0.785\frac{p_{\mathrm{me}} v_{\mathrm{m}} i D^2}{\tau} \times 10^{-3}$$

式中，S 为活塞行程（m）；n 为发动机转速（r/min）；p_{me} 为平均有效压力（MPa）；V_s 为单个气缸工作容积（L）；i 为气缸数；D 为气缸直径（mm）；τ 为冲程数，四冲程内燃机 $\tau = 4$，二冲程内燃机 $\tau = 2$。

活塞平均速度 v_{m} 的提高有利于提升功率，使单位功率的发动机体积和重量减小，在结构确定的情况下，提高活塞平均速度实际上就是提高转速。提高活塞平均速度会带来一些不良作用：

1）导致摩擦损失增加，机械效率下降。

2）引起惯性力增加，导致机械振动和机械疲劳加剧。

3）引起发动机工作频率增加，导致燃烧室周边活塞组、缸套和缸盖等零部件热负荷增加，机油温度升高，机油承载能力下降，磨损增加，造成相关部件寿命变短。

4）导致进排气流速增加，阻力增加，充气效率降低。

例 2-1　Python 编程实例：某四冲程四缸机，已知连杆长度为 0.15m，活塞行程为 0.0928m，气缸直径为 0.08m，转速为 3000r/min，求活塞的位移、速度、加速度和平均速度。

解　根据式（2-1）计算活塞位移，根据式（2-2）计算活塞速度，根据式（2-3）计算活塞加速度，根据式（2-4）计算活塞平均速度，使用 Python 编写 Piston_motion. py 计算活塞的位移、速度、加速度和平均速度。编程代码如下：

Piston_motion. py

```
# - * - coding:utf-8 - * -
import numpy as np
import matplotlib. pyplot as plt
from math import pi


S = 0.0928    #活塞行程
L = 0.15    #连杆长度
n = 3000    #发动机转速 r/min
omega = 2.0 * pi * n/60.0    #发动机转速 rad/s
r = S/2.0    #曲柄半径
lambda1 = r/L        #曲柄连杆比
phi = np. linspace(0,4.0 * pi,721)    #0 到 4pi 等分,721 个点,第一个为 0,最后一个为 4pi
x = r * ((1-np. cos(phi))+0.25 * lambda1 * (1-np. cos(2 * phi)))        #活塞位移 x
v = r * omega * (np. sin(phi)+0.5 * lambda1 np. sin(2 * phi))    #活塞速度 v
a = r * omega * * 2.0 * (np. cos(phi)+lambda1 * np. cos(2 * phi))        #活塞加速度 a
v_m = S * n/30.0    #活塞平均速度 v_m
string = 'v_m is %f' %(v_m)
print(string)
plt. rcParams['font. sans-serif'] = ['SimHei']        #用来正常显示中文标签
plt. rcParams['axes. unicode_minus'] = False        #用来正常显示负号
plt. figure(1)
plt. plot(phi,x,color='black',linestyle='solid',label='位移')    #绘制位移曲线
plt. legend(loc='upper right',fontsize=12)
plt. figure(2)
plt. plot(phi,v,color='black',linestyle='solid',label='速度')    #绘制速度曲线
plt. legend(loc='upper right',fontsize=12)
plt. figure(3)
plt. plot(phi,a,color='black',linestyle='solid',label='加速度')#绘制加速度曲线
plt. legend(loc='upper right',fontsize=12)
plt. show()
```

活塞位移、速度和加速度都是随曲轴转角变化的瞬时值，计算结果如图 2-2 所示。活塞平均速度为 9.28m/s。

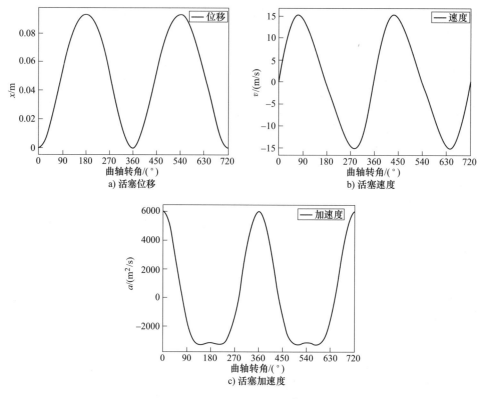

a) 活塞位移

b) 活塞速度

c) 活塞加速度

图 2-2　活塞运动规律[⊖]

2.1.2　气缸瞬时容积计算

通过缸压传感器测量缸内压力 p_g、曲轴位置传感器测试曲轴转角 φ 信号可以得到 p_g-φ 示功图，结合活塞位移可以计算气缸瞬时容积 V_g，可以将 p_g-φ 示功图转换为 p_g-V_g 示功图，如图 2-3 所示。

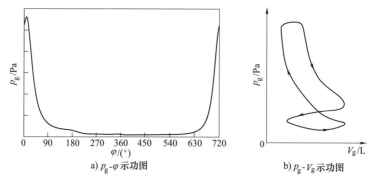

a) p_g-φ 示功图

b) p_g-V_g 示功图

图 2-3　示功图转换

⊖　图中坐标轴上的量和单位均已规范化，与软件运行结果在形式上有所出入，下文不再赘述。

瞬时气缸容积 V_g（单位 L）包含体积固定的余隙容积 V_c 和活塞往复区瞬时容积 V_{rt}，如图 2-4 所示。余隙容积 V_c，也称为燃烧室容积，是活塞位于上止点位置时活塞顶面、缸盖底面和气缸内表面包围的容积，需要注意的是，凹顶活塞的余隙容积 V_c 包含活塞凹坑容积。V_{rt} 是一个瞬态的圆柱体体积，与气缸工作容积成正比，V_{rt} 的高是活塞位移 x，气缸工作容积的高是活塞行程 S。瞬时气缸容积 V_g 的计算公式为

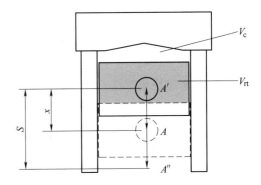

图 2-4 瞬时气缸容积计算简图

A—活塞销中心 A'—上止点活塞销中心

A''—下止点活塞销中心

$$V_g = V_c + V_{rt} = \frac{V_s}{\varepsilon - 1} + \frac{xV_s}{S} = \frac{V_s}{2}\left[\frac{2}{\varepsilon - 1} + 1 - \cos\varphi + \frac{1}{\lambda}\left(1 - \sqrt{1 - \lambda^2 \sin^2\varphi}\right)\right] \quad (2\text{-}5)$$

式中，V_c 为余隙容积（L）；V_{rt} 为活塞往复区瞬时容积（L）；ε 为压缩比。当编程计算缸内工作过程时，瞬时气缸容积 V_g 需要提供。

2.1.3 气体压力和缸内工作过程计算

（1）气体压力计算 气体压力 F_g（单位 N）作用在活塞顶面，其计算公式为

$$F_g = A_{pis}(p_g - p_0) = \frac{\pi D_{pis}^2}{4}(p_g - p_0) \quad (2\text{-}6)$$

式中，p_g 为缸内气体的压力（Pa），可以通过燃烧分析仪测量或者通过缸内工作过程计算得到；p_0 为曲轴箱内气体压力（Pa），常取 1 个大气压；A_{pis} 为活塞顶面投影面积（m^2）；D_{pis} 为活塞直径（m）。

（2）缸内工作过程 通过缸内工作过程计算可以得到缸内压力、温度和对流传热系数等结果，为内燃机的性能分析和结构计算提供参考。缸内工作过程计算取缸盖底面、缸套壁面和活塞顶面所围成的容积为控制体，利用热力学第一定律、质量守恒定律和气体状态方程进行计算，如图 2-5 所示。图中，φ 为曲轴转角；p_g、T_g、V_g、m_g 分别为缸内气体的压力、温度、体积和质量；α_g 为瞬时过量空气系数；u_g 为比内能；p_s、T_s、m_s 分别为通过进气门流入气缸的气体的压力、温度和质量；m_b 为燃油质量；p_e、T_e、m_e 分别为通过排气门流

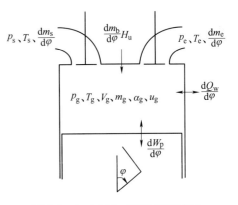

图 2-5 缸内工作过程计算示意图

出气缸的气体的压力、温度和质量；Q_w 为通过气缸壁面的传热量；W_p 为活塞的推动功；H_u 为燃料低热值。

能量守恒方程：

$$\frac{\mathrm{d}T_g}{\mathrm{d}\varphi} = \frac{1}{m_g\left(\dfrac{\partial u_g}{\partial T_g}\right)}\left(\frac{\mathrm{d}Q_b}{\mathrm{d}\varphi} + \frac{\mathrm{d}Q_w}{\mathrm{d}\varphi} - p_g\frac{\mathrm{d}V_g}{\mathrm{d}\varphi} + h_s\frac{\mathrm{d}m_s}{\mathrm{d}\varphi} + h_e\frac{\mathrm{d}m_e}{\mathrm{d}\varphi} - u\frac{\mathrm{d}m_g}{\mathrm{d}\varphi} - m_g\frac{\partial u_g}{\partial \alpha_g}\frac{\mathrm{d}\alpha_g}{\mathrm{d}\varphi}\right)$$

式中，Q_b 为燃料燃烧放热量；h_s 为进气比焓；h_e 为排气比焓。

质量守恒方程：

$$\frac{\mathrm{d}m_g}{\mathrm{d}\varphi} = \frac{\mathrm{d}m_s}{\mathrm{d}\varphi} + \frac{\mathrm{d}m_e}{\mathrm{d}\varphi} + \frac{\mathrm{d}m_b}{\mathrm{d}\varphi}$$

气体状态方程：

$$p_g V_g = m_g R T_g$$

联立上述方程，使用四阶龙格库塔法计算可得 p_g、T_g 和 m_g[2]。

2.1.4 惯性力

曲柄连杆机构可将往复运动转换成旋转运动，机构中存在往复惯性力和旋转惯性力。

将活塞组往复质量 m_{pis} 集中在活塞销中心，将曲轴组旋转质量 m_{cra} 集中在曲柄销中心。曲轴组旋转质量 m_{cra} 的计算公式为

$$m_{cra} = m_{cra1} + m'_{cra2} = m_{cra1} + \frac{\rho}{r} m_{cra2}$$

式中，m_{cra1} 为曲柄销及与其重合的曲柄的质量和，具有共同的旋转半径 r；m_{cra2} 为曲拐质量去掉与主轴颈重合的质量 m_{cra3}（因为 m_{cra3} 的旋转半径为 0）并且去掉 m_{cra1}。

将连杆组质量 m_{con} 分成两部分，连杆组往复质量 m_{con1} 集中在活塞销中心，连杆组旋转质量 m_{con2} 集中在曲柄销中心。l_1 为连杆质心到活塞销中心的距离，l_2 为连杆质心到曲柄销中心的距离，$l_1 + l_2 = l$。连杆组质量 m_{con} 的计算公式为

$$m_{con} = m_{con1} + m_{con2} = \frac{l_2}{l} m_{con} + \frac{l_1}{l} m_{con}$$

则往复运动质量 m_j 为

$$m_j = m_{pis} + m_{con1} \tag{2-7}$$

旋转运动质量 m_r 为

$$m_r = m_{cra} + m_{con2} \tag{2-8}$$

往复惯性力 F_j 为

$$F_j = -m_j a = -m_j(r\omega^2\cos\varphi + \lambda r\omega^2\cos2\varphi) \tag{2-9}$$

旋转惯性力 F_r 为

$$F_r = m_r r\omega^2 \tag{2-10}$$

2.1.5 曲柄连杆机构受力

图 2-6 所示为中心曲柄连杆机构受力简图。缸内气体压力 F_g 作用在活塞顶面并传递至活塞销中心位置 A，力 F 是作用于位置 A 处的往复惯性力 F_j 和缸内气体压力 F_g 的合力，经由连杆 AB 传递到曲柄销中心位置 B，继而作用于曲轴旋转中心 O。

1. 活塞销中心位置 A

合成力 F 沿气缸轴线方向：

$$F = F_j + F_g \qquad (2\text{-}11)$$

F 分解为侧向力 F_N 和连杆力 F_L，F_N 垂直于缸套，F_L 沿连杆方向：

$$F_N = F\tan\beta$$

$$F_L = \frac{F}{\cos\beta}$$

在 $\triangle AOB$ 中根据，根据正弦定理：

$$\frac{l}{\sin\varphi} = \frac{r}{\sin\beta}$$

$$\beta = \arcsin(\lambda\sin\varphi)$$

2. 曲柄销位置 B

规定切向力 F_t 与曲轴旋转同向为正：

$$F_t = F_L\sin(\varphi + \beta)$$

规定径向力 F_k 指向曲轴旋转中心为正：

$$F_k = F_L\cos(\varphi + \beta)$$

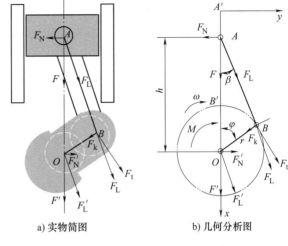

a) 实物简图   b) 几何分析图

图 2-6 中心曲柄连杆机构受力简图

3. 曲轴旋转中心 O

F_L 从曲柄销中心 B 点平移到 O 点得 F_L' 和单缸转矩 M：

$$\left.\begin{array}{l} F_L' = F_L \\ M = F_t r \end{array}\right\} \qquad (2\text{-}12)$$

F_L' 分解成竖直方向分力 F' 和水平方向分力 F_N'：

$$F' = F$$

$$F_N' = F_N$$

可见，作用于曲轴旋转中心 O 点的 F_N' 与作用在活塞销中心 A 点的 F_N 大小相等，由图 2-6 可见 F_N' 与 F_N 方向相反，且不在一条直线上，距离 $AO = h$，这形成了一个逆时针的力偶 M'，在 $\triangle AOB$ 中使用正弦定理可得：

$$M' = -F_N h = -F\tan\beta\frac{\sin[180° - (\varphi + \beta)]}{\sin\beta} = -Fr\frac{\sin(\varphi + \beta)}{\cos\beta} = -M \qquad (2\text{-}13)$$

由此可见，当内燃机工作时，M' 与 M 总是大小相等、方向相反，内燃机的输出转矩对外部输出有效动力，翻倒力矩 M' 则可能使内燃机翻倒。缸内气体力作用于活塞顶面的同时，会有大小相等、方向相反的气体力作用于缸盖底面，两者相互抵消，对内燃机而言是内力。

2.1.6 多缸机转矩计算

单缸转矩的计算公式见式（2-12）。多缸机主轴颈所受转矩等于从自由端第一缸到该主轴颈前一缸的单缸转矩叠加之和。最后一个主轴颈所受转矩即为内燃机输出转矩。需要注意：转矩叠加从自由端向飞轮端，每个气缸的单缸转矩存在相位差，这取决于多缸机的曲拐排列和发火顺序，所有气缸的发火应均匀分配在内燃机的工作周期中，因此，发火间隔角 φ_f（单位°）为

$$\varphi_f = \frac{180\tau}{Z} \tag{2-14}$$

式中，τ 为冲程数；Z 为气缸数，对于四冲程内燃机需 $Z \geqslant 3$，对于二冲程内燃机 $Z \geqslant 2$。

例 2-2 对于发火顺序为 1—3—4—2 的四冲程四缸机，自由端第 1 缸单缸转矩记为 $M_1(\varphi)$，求各缸单缸转矩、各主轴颈所受转矩和输出转矩。

解 发火间隔角

$$\varphi_f = \frac{180° \times 4}{4} = 180°$$

图 2-7 所示为四冲程四缸机（发火顺序 1—3—4—2）的曲柄侧视图和轴测图。

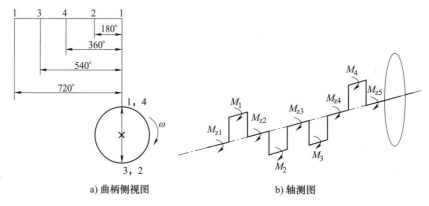

a) 曲柄侧视图　　　　　　b) 轴测图

图 2-7 四冲程四缸机（发火顺序 1—3—4—2）的曲柄侧视图和轴测图

每个缸的单缸转矩：1 缸转矩 $M_1(\varphi)$，2 缸转矩 $M_1(\varphi + 180°)$，3 缸转矩 $M_1(\varphi + 540°)$，4 缸转矩 $M_1(\varphi + 360°)$。

第 i 主轴颈转矩 M_{zi}：

$$\left.\begin{array}{l} M_{z1} = 0 \\ M_{z2} = M_1(\varphi) \\ M_{z3} = M_{z2} + M_1(\varphi + 180°) \\ M_{z4} = M_{z3} + M_1(\varphi + 540°) \\ M_{z5} = M_{z4} + M_1(\varphi + 360°) \end{array}\right\} \tag{2-15}$$

输出转矩等于 M_{z5}。

例 2-3 Python 编程实例：已知发火顺序 1—3—4—2 的四冲程四缸机，转速为 3000r/min，活塞行程为 0.0928m，气缸直径为 0.08m；缸内压力曲线如图 2-8 所示，以 1°曲轴转角为间隔，给出了 0°~720°的缸内压力；连杆质量为 0.66kg，连杆长度为 0.15m，连杆质心距离连杆大头为 0.044m；活塞组质量为 0.6kg。求单缸转矩、各主

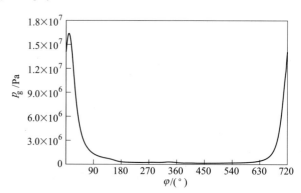

图 2-8 某四冲程四缸机缸内压力曲线

轴颈所受转矩和输出转矩。

解 根据式（2-6）计算气体压力 F_g，根据式（2-9）计算往复惯性力 F_j，根据式（2-12）计算单缸转矩，根据式（2-15）计算主轴颈和输出转矩。使用 Python 编写 Torque.py 进行计算，编程代码如下：

Torque.py

```python
# - * - coding:utf-8 - * -
import numpy as np
import matplotlib.pyplot as plt
from matplotlib.pyplot import MultipleLocator
from math import pi


#以沿气缸轴线向下为正方向
S = 0.0928    #活塞行程(m)
L = 0.15      #连杆长度(m)
l2 = 0.044    #连杆质心到曲柄销中心的距离(m)
D = 0.08      #气缸直径(m)
n = 3000      #发动机转速(r/min)
m_pis = 0.6   #活塞组质量(kg)
m_con = 0.66  #连杆组质量(kg)
nf = np.loadtxt('P3000.txt')    #读入与曲轴转角对应的缸内压力曲线
r = S/2.0      #曲柄半径
lambda1 = r/L          #曲柄连杆比
omega = 2.0 * pi * n/60.0    #发动机转速(rad/s)
m_con1 = l2/L * m_con #连杆组往复质量
phi = nf[ :,0] * pi/180.0      #曲轴转角(rad)
p = nf[ :,1]    #缸内压力(Pa)
Fg = pi/4.0 * D * * 2 * (p-101325.0)    #缸内气体压力(Pa) 以沿气缸轴线向下为正方向
a = r * omega * * 2.0 * (np.cos(phi)+lambda1 * np.cos(2 * phi))    #活塞加速度
mj = m_pis+m_con1 #往复运动总质量
Fj = -1.0 * mj * a #往复惯性力
F = Fg+Fj #合成力
beta = np.arcsin(lambda1 * np.sin(phi)) #连杆摆角
FL = F/np.cos(beta)
Ft = FL * np.sin(phi+beta)
#各缸单缸转矩
M = Ft * r
M2 = np.roll(M,-180)
M3 = np.roll(M,-540)
M4 = np.roll(M,-360)
#主轴颈转矩
Mz1 = 0
Mz2 = M
```

```
Mz3 = Mz2+M2
Mz4 = Mz3+M3
Mz5 = Mz4+M4
#结果绘图
plt.rcParams['font.sans-serif'] = ['SimHei']        #用来正常显示中文标签
plt.rcParams['axes.unicode_minus'] = False          #用来正常显示负号
plt.rc('xtick', labelsize=16)
plt.rc('ytick', labelsize=16)


plt.figure(1)
plt.plot(phi*180.0/pi, Fg, color='red', linestyle='dotted', label='气体力')#绘制气体力曲线
plt.plot(phi*180.0/pi, Fj, color='blue', linestyle='dashed', label='往复惯性力')#绘制往复惯性力曲线
plt.plot(phi*180.0/pi, F, color='black', linestyle='solid', label='合成力')#绘制单缸合成力曲线
plt.xlabel('曲轴转角(°)', fontsize=16) #设置 X 轴的文字
plt.xlim((0,720))
x_major_locator = MultipleLocator(90)
ax = plt.gca()
ax.xaxis.set_major_locator(x_major_locator)
plt.ylabel('力(N)', fontsize=16) #设置 Y 轴的文字
y_major_locator = MultipleLocator(10000)
ay = plt.gca()
ay.yaxis.set_major_locator(y_major_locator)
plt.legend(loc='upper right', fontsize=12) #设置图例


#绘制单缸转矩曲线
plt.figure(2)
plt.plot(phi*180.0/pi, M, color='black', linestyle='solid', label='一缸转矩')
plt.plot(phi*180.0/pi, M2, color='red', linestyle='dotted', label='二缸转矩')
plt.plot(phi*180.0/pi, M3, color='yellow', linestyle='dashed', label='三缸转矩')
plt.plot(phi*180.0/pi, M4, color='blue', linestyle='dashdot', label='四缸转矩')
plt.xlabel('曲轴转角(°)', fontsize=16)
plt.xlim((0,720))
x_major_locator = MultipleLocator(90)
ax = plt.gca()
ax.xaxis.set_major_locator(x_major_locator)
plt.ylabel('转矩(N.m)', fontsize=16)
plt.legend(loc='upper right', fontsize=12)


#绘制主轴颈转矩和输出转矩曲线
plt.figure(3)
plt.plot(phi*180.0/pi, Mz2, color='red', linestyle='dotted', label='第二主轴颈转矩')
plt.plot(phi*180.0/pi, Mz3, color='yellow', linestyle='dashed', label='第三主轴颈转矩')
plt.plot(phi*180.0/pi, Mz4, color='blue', linestyle='dashdot', label='第四主轴颈转矩')
```

```
plt. plot( phi * 180. 0/pi, Mz5, color = 'black', linestyle = 'solid', label = '输出转矩')
plt. xlabel('曲轴转角(°)', fontsize = 16)
plt. xlim((0,720))
x_major_locator = MultipleLocator(90)
ax = plt. gca()
ax. xaxis. set_major_locator(x_major_locator)
plt. ylabel('转矩(N. m)', fontsize = 16)
plt. legend(loc = 'upper right', fontsize = 12)
plt. show()
```

　　气体力、往复惯性力和合成力结果如图 2-9 所示，各缸单缸转矩如图 2-10 所示，各主轴颈所受转矩和输出转矩如图 2-11 所示。

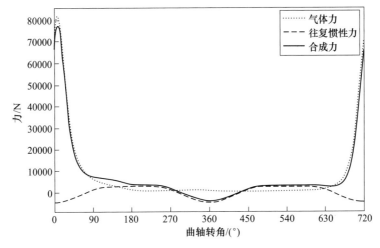

图 2-9　气体力、往复惯性力和合成力

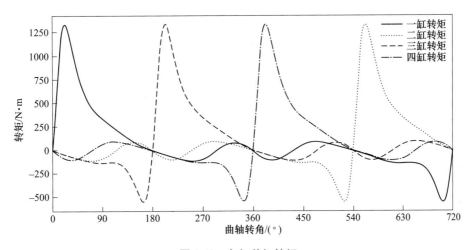

图 2-10　各缸单缸转矩

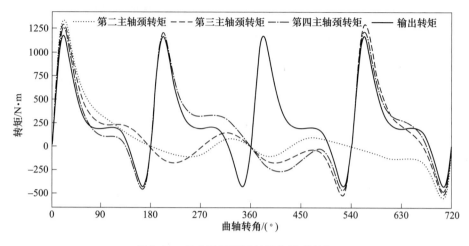

图 2-11　各主轴颈所受转矩和输出转矩

2.2　内燃机平衡计算和分析

曲柄连杆机构产生旋转惯性力和往复惯性力，如果不专门设计平衡机构，则这些力在内燃机内不能实现内部抵消，形成了不平衡的力和力矩，从而导致车辆产生较大的振动和噪声，影响内燃机的可靠性和寿命。

2.2.1　旋转惯性力和力矩的平衡

由式（2-8）、式（2-10）可知，旋转运动质量 $m_r = m_{cra} + m_{con2}$ ，旋转惯性力 $F_r = m_r r \omega^2$ 。旋转惯性力的合力等于零，则称之为静平衡；满足静平衡的同时旋转惯性力的合力矩也等于零，则称之为动平衡。

对于旋转惯性力平衡使用图解法的分析基本流程为：

1）根据内燃机的冲程数和气缸数计算发火间隔角。

2）绘制曲柄侧视图和轴测图。

3）计算各曲拐旋转惯性力的合力。

4）以最后一拐中心点为取矩点，计算合力矩。

5）对不平衡的旋转惯性力或者力矩进行平衡，常采用完全平衡法和整体平衡法等。

例 2-4　计算四冲程直列三缸机（发火顺序 1—3—2）的旋转惯性力和力矩，并给出平衡措施。

解　1）发火间隔角：

$$\varphi_f = \frac{180° \times 4}{3} = 240°$$

2）绘制曲柄侧视图和轴测图，如图 2-12 所示。

3）计算各曲拐旋转惯性力的合力，由图 2-13 可见，合力 $\sum F_r = 0$ 。

4）以最后一拐中心点为取矩点，计算合力矩。由于力矩方向为力的方向逆时针旋转

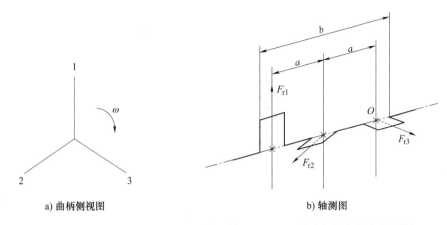

a) 曲柄侧视图　　　　　　　　　　　　　b) 轴测图

图 2-12　四冲程直列三缸机（发火顺序 1—3—2）的曲柄侧视图和轴测图
a—相邻曲拐中心的距离　*b*—最前端和最后端曲柄臂的距离　*O*—最后一个曲拐的中心点

90°，通常先用力的方向代替力矩方向，在力的方向上按力矩的幅值大小获得合成矢量，之后再按照右手定则向逆时针转过 90°即得到真实合力矩，如图 2-14 所示。

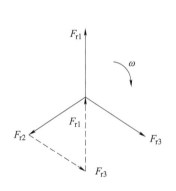

图 2-13　四冲程直列三缸机
（发火顺序 1—3—2）
旋转惯性力合力

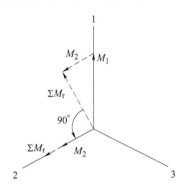

图 2-14　四冲程直列三缸机
（发火顺序 1—3—2）
旋转惯性力的合力矩

$$M_1 = 2F_r a$$
$$M_2 = F_r a$$
$$\sum M_r = \sqrt{3}\, F_r a \neq 0$$

5）对不平衡的旋转惯性力矩进行平衡。

①完全平衡法。对每个曲拐加两个平衡块，3 个曲拐共 6 块，这样使每个单拐独自实现动平衡，3 个曲拐也满足动平衡。这样做的优点是"完全平衡"，缺点是整体质量和惯量大。

$$m_p\, r_p = \frac{1}{2} m_r r$$

式中，m_p 为每个平衡块的质量；r_p 为平衡块的重心至曲轴中心线的距离。

②整体平衡法。在曲轴的第一个曲柄和最后一个曲柄上各加一个平衡块。注意力偶与力矩的区别，大小相等、方向相反且不共线的两个力形成一个力偶。力偶是一个自由矢量，与

矩心的选择无关，所以对不平衡力矩进行平衡时，需要用力偶进行平衡。最左端的平衡块挂在最左侧的曲柄臂上，方向与竖直向下方向的夹角为30°，且与非平衡力矩方向（第2拐方向）垂直。最右端的平衡块挂在最右侧的曲柄臂上，方向与左侧平衡块相反，两个平衡块水平距离为 b（图2-15）。

$$m_p r_p \omega^2 b = \sqrt{3} F_r a = \sqrt{3} a m_r r \omega^2$$

$$m_p r_p = \frac{a}{b} \sqrt{3} m_r r$$

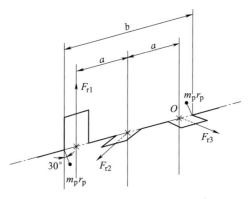

图 2-15　三缸机旋转惯性力平衡块布置

2.2.2　往复惯性力和力矩的平衡

内燃机的旋转惯性力平衡问题解决后，还需要进一步进行往复惯性力平衡。往复运动质量 $m_j = m_{pis} + m_{con1}$，当坐标系取沿气缸轴线向下为正向时往复惯性力 $F_j = -m_j a = -m_j(r\omega^2\cos\varphi + \lambda r\omega^2\cos2\varphi)$，当坐标系取沿气缸轴线向上为正向时 $F_j = m_j(r\omega^2\cos\varphi + \lambda r\omega^2\cos2\varphi) = C\cos\varphi + \lambda C\cos2\varphi$。由 F_j 的公式可见，一个往复惯性力不能用一个旋转力来完全平衡，即在曲轴上加平衡块不能完全平衡往复惯性力。

1.　单缸机往复惯性力平衡

单缸机往复惯性力的平衡方法包括双轴平衡法、过量平衡法和单轴平衡法等。三种平衡方法的结构布置形式如图2-16所示。

（1）双轴平衡法　双轴平衡法能够完全平衡一阶和二阶往复惯性力，对于一阶往复惯性力的平衡，使用两根跟曲轴转速相同的平衡轴，每根平衡轴上布置2个平衡块，共4个平衡块。对于二阶往复惯性力的平衡，使用两根转速为2倍曲轴转速的平衡轴，每根平衡轴上布置2个平衡块，共4个平衡块。

一阶：$4m_{p1} r_{p1} \omega^2\cos\varphi = C\cos\varphi = m_j r\omega^2\cos\varphi$，　得出 $m_{p1} r_{p1} = \dfrac{1}{4} m_j r$

二阶：$4m_{p2} r_{p2} (2\omega)^2\cos2\varphi = \lambda C\cos2\varphi = \lambda m_j r\omega^2\cos2\varphi$，　得出 $m_{p2} r_{p2} = \dfrac{1}{16}\lambda m_j r$

（2）过量平衡法　过量平衡法没有平衡轴，该方法是在平衡旋转惯性力的平衡块 m_p 上再增加平衡往复惯性力的质量 εm_j。ε 为过量平衡率，$0 < \varepsilon < 1$。过量平衡法的合力轨迹方程是一个椭圆，其长、短轴分别为 ε 和 $1-\varepsilon$，具体根据 ε 大小而定。当 $\varepsilon = 0.5$ 时，合力轨迹为一个正圆，这时称为半平衡法。过量平衡法实质为一阶惯性力转移法，一阶惯性力从仅在气缸轴线方向转移到平面椭圆上。

$$F_{Rx} = C\cos\varphi - \varepsilon C\cos\varphi$$

$$F_{Ry} = \varepsilon C\sin\varphi$$

$$\left(\frac{F_{Rx}}{1-\varepsilon}\right)^2 + \left(\frac{F_{Ry}}{\varepsilon}\right)^2 = C^2$$

式中，F_R 为额外增加质量产生的离心力与一阶往复惯性力的合力，其在气缸中心线方向的投影为 F_{Rx}，在垂直于气缸中心线方向的投影为 F_{Ry}。

（3）单轴平衡法　单轴平衡法使用1根平衡轴和过量平衡法配合对一阶惯性力进行平

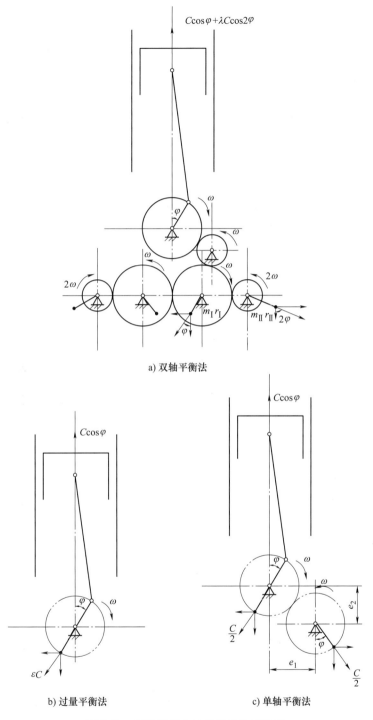

图 2-16 三种平衡方法的结构布置形式

衡，但总会产生附加的不平衡力矩 M_s，对曲轴旋转中心点取矩，则

$$M_s = \frac{1}{2} e_1 C\cos\varphi - \frac{1}{2} e_2 C\sin\varphi$$

式中，e_1 为垂直于气缸中心线方向上气缸中心线与平衡轴旋转中心之间的距离；e_2 为沿气缸中心线方向上曲轴旋转中心与平衡轴旋转中心之间的距离。

2. 直列多缸机往复惯性力和力矩的平衡

对于直列多缸机既要平衡往复惯性力，也要平衡往复惯性力矩。直列多缸机往复惯性力和力矩的平衡分析基本流程为：

1）根据内燃机的冲程数和气缸数计算发火间隔角。

2）绘制一阶曲柄图、二阶曲柄图和轴测图。

3）计算各曲拐一阶、二阶往复惯性力的合力。

4）计算各曲拐一阶、二阶往复惯性力的合力矩。

5）对不平衡的往复惯性力或者力矩进行平衡。

例 2-5 计算四冲程直列三缸机（发火顺序 1—3—2）的往复惯性力和力矩，并给出平衡措施。

解 1）发火间隔角：

$$\varphi_f = \frac{180° \times 4}{3} = 240°$$

2）绘制一阶曲柄图、二阶曲柄图和轴测图，如图 2-17 所示。

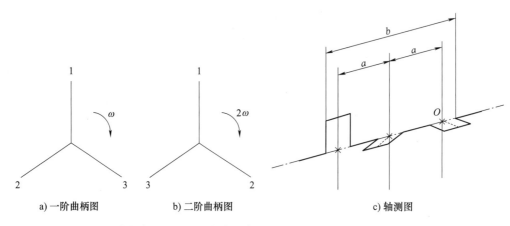

a) 一阶曲柄图   b) 二阶曲柄图   c) 轴测图

图 2-17   四冲程直列三缸机（发火顺序 1—3—2）的一阶、二阶曲柄图和轴测图

3）计算各曲拐一阶、二阶往复惯性力的合力，如图 2-18 所示。一阶往复惯性力 $F_{RjI} = 0$，二阶往复惯性力 $F_{RjII} = 0$。

4）计算各曲拐一阶、二阶往复惯性力的合力矩，如图 2-19 所示。

5）对不平衡的一阶往复惯性力矩进行平衡。

在曲轴上布置平衡一阶往复惯性力矩的平衡块，如图 2-20 所示，其 $\varepsilon = 0.5$，然后布置与曲轴转向相反的平衡轴，质径积为 $m_p r_p = \frac{\sqrt{3}}{2} \frac{a}{b} m_j r$。增加一根平衡轴配合曲轴上增加的一对平衡块，形成了一个双轴平衡机构，可以完全平衡四冲程直列三缸机（发火顺序 1—3—2）的一阶不平衡力矩。

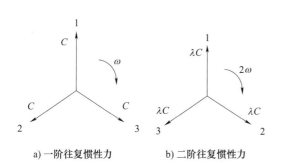

a) 一阶往复惯性力   b) 二阶往复惯性力

图 2-18 四冲程直列三缸机
（发火顺序 1—3—2）的往复惯性力矢量图

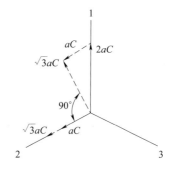

图 2-19 四冲程直列三缸机
（发火顺序 1—3—2）的一阶往复惯性力矩

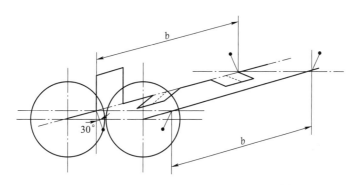

图 2-20 曲轴上往复惯性力矩平衡块布置[1]

习 题

2-1 活塞的位移、速度和加速度在内燃机设计中有哪些用途？

2-2 活塞运动规律中的一阶和二阶谐量有哪些区别？

2-3 曲轴主轴颈和连杆轴颈的积累扭矩如何计算？

2-4 四冲程四缸机发火顺序为 1—3—4—2，计算旋转惯性力及力矩、往复惯性力及力矩；判断是否平衡，如果不平衡，请提出平衡方案。

2-5 四冲程六缸机发火顺序为 1—5—3—6—2—4，计算旋转惯性力及力矩、往复惯性力及力矩；判断是否平衡，如果不平衡，请提出平衡方案。

参 考 文 献

[1] 袁兆成. 内燃机设计 [M]. 3 版. 北京：机械工业出版社，2019.

[2] 周龙保. 内燃机学 [M]. 2 版. 北京：机械工业出版社，2005.

第 3 章

内燃机主要零部件仿真与设计

本章主要介绍内燃机主要零部件仿真与设计，包括曲轴组、连杆组、活塞组和机体组的仿真方法、结果评价和优化设计措施等。其中，曲轴组仿真与设计的内容为曲轴轴系扭转振动和疲劳强度，连杆组仿真与设计的内容为连杆应力和疲劳强度，活塞组仿真与设计的内容为活塞温度场、应力和疲劳强度，机体组仿真与设计的内容为缸盖、缸套和机体的温度场、应力和疲劳强度。

3.1 曲轴组仿真与设计

3.1.1 引言

1. 基本结构和功用

曲轴组配合活塞和连杆，将往复运动转换为旋转运动，把缸内气体作用力转换为输出转矩，并为配气机构、发电机和冷却风扇等附件提供动力。

曲轴的材料常为中碳钢、合金钢和球墨铸铁等。曲轴前端常驱动配气机构等，曲轴后端安装飞轮对外输出转矩，中间由多个曲拐组成，一个曲拐包括主轴颈、曲柄臂和连杆轴颈。图 3-1 所示为直列两缸机曲轴结构图。

2. 工作条件

随着发动机的周期性工作，曲

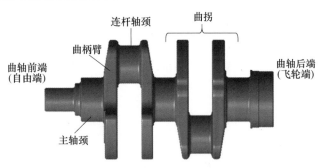

图 3-1 直列两缸机曲轴结构图

轴受周期变化的气体力、惯性力和力矩作用。曲轴切向载荷的谐波引起扭转振动、曲轴横向载荷的谐波引起弯曲振动、曲轴纵向载荷的谐波引起纵向振动，主要关注的是曲轴轴系扭转振动。由于周期性的高工作载荷及曲拐形状的不均匀，在连杆轴颈过渡圆角、主轴颈过渡圆角和润滑油油孔等位置应力集中明显，容易产生破坏。主轴颈和连杆轴颈在较高的比压下高速旋转，润滑油供给到主轴承和连杆轴承，形成润滑油膜，保证曲轴正常工作。

3. 设计要求

1）曲轴应具有合理的共振特性，尤其是扭转振动特性。

2）曲轴应具有足够的弯曲和扭转疲劳强度。

3）曲轴应具有足够的承压面积和良好的轴承润滑。

3.1.2 曲轴轴系扭转振动

内燃机工作时，曲轴轴系振动形式主要包括：扭振、弯振、纵振及其耦合振动。扭振是使曲轴各轴段间发生周期性相对扭转的振动。对于扭转振动，由于曲轴较长、抗扭刚度较小、转动惯量又较大，导致曲轴轴系扭振频率偏低，容易出现在内燃机工作转速范围内，从而产生共振，因此曲轴扭振是内燃机设计过程中需要考虑的重要因素。在概念设计阶段需要确定曲轴主要尺寸和平衡方案，需要进行一维扭振计算，确定飞轮和扭转减振器。

如果出现下面的现象，发动机很可能是出现了扭转振动[1]：

1）发动机在某一转速下发生剧烈抖动、噪声增加、磨损增加、油耗增加、功率下降、严重时发生曲轴扭断。

2）发动机偏离该转速时，上述现象消失。

曲轴扭振计算分析的流程为：

1）简化当量扭振系统。将复杂的曲轴轴系根据动力学等效原则转换为扭振特性相同的简化当量系统。

2）自由振动计算。获得曲轴扭振系统的固有频率和对应的振型。

3）强迫振动计算。对曲轴扭振系统施加外载力矩，分析其频率阶次特性，并考虑系统阻尼力矩，获得扭振幅值和应力，进行分析和评价。

4）减振。通过不同的方案进行减振，并获得减振后的扭振特性。

1. 曲轴轴系扭振当量系统

（1）转动惯量 规则结构的转动惯量可通过公式 $I = \int r^2 \mathrm{d}m$ 计算，或通过相关手册查对应的公式获得。例如，对于质量为 m、旋转半径为 R 的质点，其转动惯量为 $I = mR^2$；对于实心圆柱体的转动惯量为 $I = \frac{1}{2}mR^2$，其中 m 为圆柱体质量，R 为圆柱体半径。

复杂形状的转动惯量（如曲柄臂）常使用三维 CAD 软件获得，给零件三维 CAD 模型赋予密度数值后可分别获得对全局坐标系和对质心坐标系的转动惯量；或者使用网格前处理软件获得，给零件三维网格模型赋予密度数值后也可分别获得对全局坐标系和对质心坐标系的转动惯量。

由于活塞和连杆在平面内做往复和旋转运动，在曲轴轴系扭振计算中需换算活塞连杆的当量转动惯量，换算原则是当量转动惯量的动能与曲轴旋转一周活塞组和连杆组的平均动能相等。

在每个瞬态时刻，活塞和连杆的总动能 T 包括往复质量 m_j 和旋转质量 m_{con2} 的动能[2]：

$$T = \frac{1}{2}m_j v_1^2 + \frac{1}{2}m_{con2}v_2^2$$

式中，v_1 为往复速度；v_2 为旋转速度。

转动一周内的平均动能为

$$T^* = \frac{1}{2\pi} \int_0^{2\pi} T \mathrm{d}\varphi$$

设当量转动惯量为 I_e，则

$$T^* = \frac{1}{2} I_\mathrm{e} \omega^2 = \frac{1}{2\pi} \int_0^{2\pi} T \mathrm{d}\varphi$$

$$I_\mathrm{e} = \frac{r^2}{2} \left(m_\mathrm{j} + \frac{\lambda^2}{4} m_\mathrm{j} + 2m_\mathrm{con2} \right)$$

（2）抗扭刚度和柔度　抗扭刚度 K（单位：N·m/rad）表示使轴产生单位扭转角所需转矩，其计算公式为

$$K = \frac{M}{\varphi} = \frac{G J_\mathrm{p}}{l} \tag{3-1}$$

式中，M 为转矩；φ 为扭转角；G 为轴材料的剪切模量；l 为轴的长度；J_p 为极惯性矩，实心圆轴 $J_\mathrm{p} = \frac{\pi}{32} d^4$，空心圆轴 $J_\mathrm{p} = \frac{\pi}{32} d^4 \left[1 - \left(\frac{d'}{d} \right)^4 \right]$，其中 d 为外径，d' 为内径。

对于某轴段，材料确定后 G 为定值，结构确定后 d、d'、l 和 J_p 均为定值，由式（3-1）可知抗扭刚度也为定值，即当轴的材料和结构确定后抗扭刚度也为定值，抗扭刚度是结构固有参数，与外部载荷无关。

柔度 $e = 1/K$，即单位转矩使轴产生的扭转角。

（3）扭振计算简化当量系统　根据动力学等效原则，将曲轴扭振系统简化为"集中质量（只有惯量而无弹性）+弹簧（只有刚度而无惯量）"的当量系统。分析有阻尼强迫振动时，整个系统简化为"集中质量+弹簧+阻尼力矩+激振力矩"的当量系统。

当量原则：

1）硅油减振器的当量为减振器壳体和惯量环两个转动惯量。

2）单个曲拐当量为主轴颈中心位置和曲柄销中心位置两个转动惯量，曲柄销中心位置惯量需计入活塞和连杆的当量转动惯量，需注意 V 型发动机包括两套活塞连杆。

3）将具有较大转动惯量的部件当量为一个转动惯量，将转动惯量布置在其中心线上，例如，飞轮当量为一个转动惯量。

4）各部分之间的连接轴段在对应位置当量为转动惯量。

5）对于齿轮传动部分，将从动齿轮的转动惯量通过传动比换算合并成一个转动惯量。

6）联轴器的主动法兰盘与从动法兰盘之间如果有柔度很大的橡胶、弹簧等弹性元件，应把主动、从动法兰盘分别当作两个集中质量。

以某直列四缸机的曲轴轴系扭振当量系统（图 3-2）为例说明曲轴轴系进行当量的方式。该曲轴结构从自由端到飞轮端的结构分别有硅油减振器、4 个曲拐和飞轮。硅油减振器与第 1 曲拐通过前端轴段连接，飞轮与第 4 曲拐通过后端轴段连接。转动惯量 1 为硅油减振器惯量环，转动惯量 2 为硅油减振器壳体，转动惯量 1 和 2 之间的抗扭刚度取决于硅油减振器抗扭刚度参数；转动惯量 3 为前端轴段，2 与 3、3 与 4 间的抗扭刚度来源于轴结构的抗扭刚度；转动惯量 4~12 代表 4 个曲拐，主轴颈惯量和曲柄销惯量之间的抗扭刚度是曲拐的

半拐刚度；转动惯量 13 为后端轴段，12 与 13、13 与 14 间的抗扭刚度来源于轴结构的抗扭刚度；转动惯量 14 为飞轮。

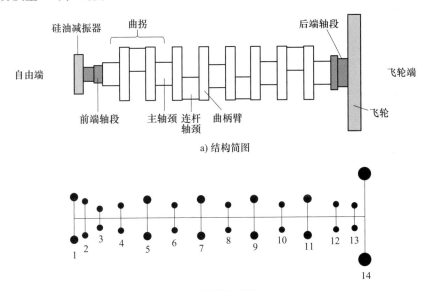

a) 结构简图

b) 扭振当量系统

图 3-2 某直列四缸机的曲轴轴系扭振当量系统

1—硅油减振器惯量环　2—硅油减振器壳体　3—前端轴段　4—主轴颈 1　5—曲柄销 1　6—主轴颈 2
7—曲柄销 2　8—主轴颈 3　9—曲柄销 3　10—主轴颈 4　11—曲柄销 4　12—主轴颈 5　13—后端轴段　14—飞轮

2. 曲轴轴系自由振动

曲轴轴系受到弹性力矩、惯性力矩、阻尼力矩和施加的激振力矩共同作用。

（1）弹性力矩 M_φ　当轴段扭转一个角度后，受结构自身弹力作用，会产生一个恢复力矩 M_φ，其大小与刚度和扭转角的乘积相等，方向与扭转角 φ 相反。

$$M_\varphi = -K\varphi \tag{3-2}$$

（2）惯性力矩 M_I　根据达朗贝尔原理有

$$M_I = -I\ddot{\varphi} \tag{3-3}$$

（3）阻尼力矩 M_C　振动过程中使振动衰减的因素称为阻尼。在曲轴轴系受到的阻尼包括：结构变形而产生的内阻尼、零部件表面与外部发生摩擦而形成的阻尼、扭转减振器的阻尼等。

当振动速度不大时，阻尼力矩 M_C 近似的与角速度 $\dot{\varphi}$ 成正比，系数 C 称为阻尼系数：

$$M_C = -C\dot{\varphi} \tag{3-4}$$

曲轴扭振微分方程矩阵形式：

$$I\ddot{\varphi} + C\dot{\varphi} + K\varphi = M \tag{3-5}$$

式中，φ 为角位移向量；I 为转动惯量矩阵；C 为阻尼矩阵；K 为刚度矩阵；M 为激振力矩。

曲轴自由振动是指对曲轴扭振系统施加短暂的外载力矩，系统产生较小的扭转角度，突然撤去，使系统振动时外载为 0，曲轴系统仅受自身的弹性恢复力矩和惯性力矩作用，按照固有频率产生的扭转振动。自由扭转振动 $M = 0$，无阻尼自由振动 $M = 0$ 且 $C = 0$。某六缸柴油机曲轴自由振动主振型固有频率见表 3-1。

表 3-1　某六缸柴油机曲轴自由振动主振型固有频率[3]

主振型	振型固有频率/Hz
单结点主振型	191.0
双结点主振型	521.0
三结点主振型	857.8
四结点主振型	1183.0
五结点主振型	1477.6
六结点主振型	1711.1
七结点主振型	1848.8
八结点主振型	2511.3
九结点主振型	2795.5
十结点主振型	2945.6
十一结点主振型	3093.6
十二结点主振型	3211.3

3. 曲轴轴系强迫振动

（1）曲轴轴系的激振力矩　内燃机曲轴的外部激励主要来源于各缸转矩，包括缸内气体力作用产生的力矩和往复惯性力产生的力矩，图 3-3 所示为某发动机的单缸转矩曲线，单缸转矩 M 是随时间变化的瞬时力矩。通过傅里叶变换，可以将其从时域转化成频域。

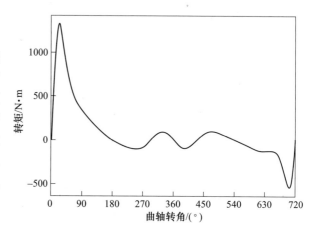

图 3-3　某发动机的单缸转矩曲线

$$
\left.
\begin{aligned}
M &= M_0 + \sum_{k=1}^{\infty} M_k^a \sin(\omega_k t + \delta_k) \\
&\approx M_0 + \sum_{k=1}^{n} M_k^a \sin(\omega_k t + \delta_k) \\
&= M_0 + \sum_{k=1}^{n} M_k^a \sin(k\omega_t t + \delta_k)
\end{aligned}
\right\}
\tag{3-6}
$$

其中，

$$ M_k^a = \sqrt{A_k^2 + B_k^2} $$

$$ A_k \approx \frac{1}{\pi} \sum_{i=1}^{m} M_i \frac{2\pi}{m} \cos(k\varphi_i) = \frac{2}{m} \sum_{i=1}^{m} M_i \cos(k\varphi_i) $$

$$B_k \approx \frac{1}{\pi} \sum_{i=1}^{m} M_i \frac{2\pi}{m} \sin(k\varphi_i) = \frac{2}{m} \sum_{i=1}^{m} M_i \sin(k\varphi_i)$$

$$M_0 = \frac{1}{2\pi} \sum_{i=1}^{m} M_i \frac{2\pi}{m} = \frac{1}{m} \sum_{i=1}^{m} M_i$$

式中，M_0 为平均转矩；M_k^a、ω_k 和 δ_k 分别为第 k 阶谐量的幅值、角频率和初相位；t 为时间（s）；ω_t 为曲轴转动角频率（rad/s）；将傅里叶级数周期 2π 分成 m 等份，A_k 和 B_k 为傅里叶级数系数。

对于二冲程发动机曲轴旋转一圈对应一个周期为 2π，与傅里叶级数的周期 2π 相同，因此，二冲程发动机激振力矩可以用式（3-6）表示。而对于四冲程发动机曲轴两转一个周期为 4π，是傅里叶级数的周期 2π 的 2 倍，所以，曲轴一转内四冲程发动机第 k 阶力矩 $k = 0.5,\ 1,\ 1.5,\ 2,\ 2.5,\ \cdots$。因此，四冲程发动机激振力矩的简谐分析式为

$$M = M_0 + \sum_{k=0.5}^{n} M_k^a \sin(k\omega_t t + \delta_k) \tag{3-7}$$

分析扭振时，阶次 k 最大一般取到 $12\sim18$ 阶，因为通常阶次更高以后振幅很小，可以忽略。例如，图 3-4 所示为某直列四冲程六缸机曲轴自由端角位移，可以看到在 10 阶以内不同发动机转速下还有相对明显的振幅，超过 10 阶在整个发动机工作转速范围内的振幅均很小。

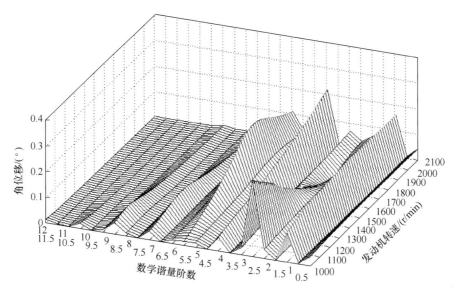

图 3-4 某直列四冲程六缸机曲轴自由端角位移[3]

多拐曲轴各拐上的力矩谐量与第一拐的幅值相同，只是相位根据气缸发火顺序有所不同。

设作用在第一拐的第 k 阶力矩为

$$M_{k1} = M_{k1}^a \sin(k\varphi + \delta_{k1})$$
$$其中 \quad \varphi = \omega_t t$$

则作用在第 i 拐上的第 k 阶力矩为

$$M_{ki} = M_{k1}^a \sin[k(\varphi - \theta_i) + \delta_{k1}] = M_{k1}^a \sin[k\varphi + (\delta_{k1} - k\theta_i)]$$

第 i 拐与第一拐上 k 阶力矩（幅值）间的相位差为

$$\delta_{ki} - \delta_{k1} = -k\theta_i \tag{3-8}$$

例 3-1　绘制直列六缸四冲程发动机（发火顺序 1—5—3—6—2—4）的各阶简谐力矩的相位图。

解　直列六缸四冲程发动机（发火顺序 1—5—3—6—2—4）的各阶简谐力矩的相位图如图 3-5 所示。

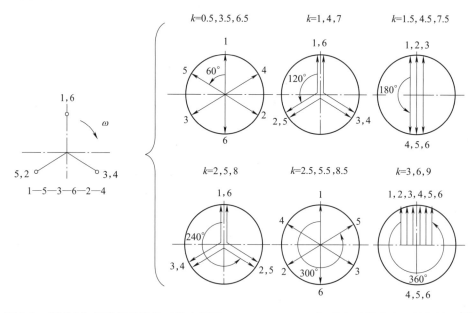

图 3-5　直列六缸四冲程发动机（发火顺序 1—5—3—6—2—4）的各阶简谐力矩的相位图[1]

当阶次 $k = 3$，6，9 时，对应的谐量位于同一方向，载荷不平衡的程度最大，称为主谐量。当阶次 $k = 1.5$，4.5，7.5 时，对应的谐量位于同一直线上，一半数目的谐量向上，另一半向下，称为次主谐量。可画出 6 个不同的相位图。

对于气缸数目为 i，冲程数为 τ 的直列发动机，曲轴扭振系统的主谐量对应阶数为 $k = m\dfrac{2i}{\tau}$，次主谐量对应的阶数为 $k = (2m - 1)\dfrac{i}{\tau}$，其中 $m = 1$，2，3…。曲拐侧视图有 q 个不同方向曲拐，则有 $\dfrac{\tau}{2}q$ 个相位图。

（2）无减振器时曲轴轴系强迫振动分析　临界转速是曲轴系固有频率与作用在曲轴上载荷频率相等时的发动机转速，其计算公式为：

$$n_c = \frac{60f_e}{k} \tag{3-9}$$

式中，n_c 为临界转速（r/min）；f_e 为固有频率（Hz）；k 为简谐阶次。

图 3-6 所示为无减振器时临界转速图，需要注意：

1）由式（3-9）可知，临界转速 n_c 与固有频率 f_e 是正比关系，因此，对应不同阶次的直线为过原点的斜率不同的直线。

2）发动机工作转速范围内，对应阶次的斜线与对应曲轴固有频率直线的交点为临界转速点。与外载力矩主谐量对应的临界转速称为主临界转速，对应次主谐量的临界转速称为次主临界转速。

3）阶次 k 最大一般取到 12~18 阶，因为通常阶次更高以后振幅很小，可以忽略。

4）曲轴固有频率常考虑前两阶或三阶，因为较高的发动机固有频率在发动机转速范围内与阶次斜线没有交点。

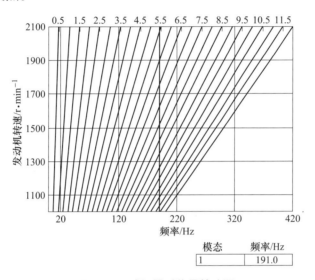

图 3-6 无减振器时临界转速图

扭振计算的缸内压力曲线需要覆盖发动机转速范围的外特性，转速范围内应准确提供额定工况和最大转矩工况等工况的转速和缸压曲线。飞轮端需提供发动机负载力矩。

共振时

$$\phi_1 = \frac{M_{k1}^a \left| \sum\limits_{i=1}^{z} a_i \right|}{C\omega_e \sum\limits_{i=1}^{z} a_i^2} \tag{3-10}$$

式中，ϕ_1 为第 1 个集中质量振幅；M_{k1}^a 为第一拐的第 k 阶力矩；C 为阻尼系数；ω_e 为轴系自振频率。

通过 $\phi_i = \phi_1 a_i$，可以求出每个质量的扭转振动角位移幅值。

共振附加应力

$$\tau_d = \frac{M_\varphi}{W_\tau} = \frac{K_i(\phi_i - \phi_{i+1})}{W_\tau} = \frac{K_i(a_i - a_{i+1})\phi_1}{W_\tau} \tag{3-11}$$

式中，ϕ_i 为第 i 个集中质量振幅；M_φ 为轴段的弹性力矩；W_τ 为轴段的抗扭断面模数；K_i 为第 i 个轴段（集中质量 i 和 $i+1$ 之间）的扭转刚度。

可见，第 1 个集中质量振幅与各个质量的振幅、共振附加应力均相关，因此第 1 个集中质量振幅为扭振中的一个关键参数。

例 3-2　图 3-7 所示为某直列六缸柴油机无减振器时曲轴自由端扭振振幅，试结合数学谐量阶次和临界转速对扭振振幅进行分析。

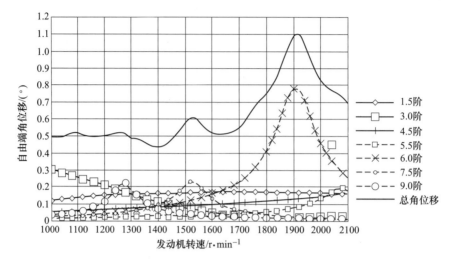

图 3-7　某直列六缸柴油机无减振器时曲轴自由端扭振振幅[3]

解　振幅较大谐量常对应主谐量或次主谐量，如 3.0、6.0、9.0 阶为主谐量；1.5、4.5、7.5 阶为次主谐量。同时，不是主谐量和次主谐量的阶数，也有可能合成较大的幅值，如 5.5 阶。

根据式（3-9）和临界转速图可知，幅值较高的 5.5 阶、6.0 阶、7.5 阶和 9.0 阶扭振幅峰值均出现在对应临界转速位置。在未安装减振器的情况下，扭振振幅峰值与临界转速相对应。

此外，3.0 谐次为直列六缸机最低主谐次，并且在低速区振幅随转速增大而减小，是刚体转动，又称为滚振。

4. 减振和评价

（1）减振　减轻扭振可通过以下方法：

1）使发动机转速远离临界转速。

2）通过提高曲轴刚度、减小转动惯量来改变曲轴固有频率。

3）提高曲轴阻尼。

4）采用减振装置等。

当发动机结构和工作形式基本确定后，最有效的方法是使用扭振减振器，常用的减振器之一是硅油减振器。安装硅油减振器后，扭振较为严重的谐量，振幅峰值会有较为显著的降低。

（2）扭振评价　扭振评价主要关注的参数为：扭振应力和自由端角位移。

根据 GB/T 15371—2008《曲轴轴系扭转振动的测量与评定方法》[4]，对不同燃料和不同使用场合的内燃机，扭振许用应力要求有所不同，对自由端角位移许用要求也有所不同。汽油机常要求自由端扭转角度<0.2°，柴油机要求自由端扭转角度<0.4°。2021 年版《钢质海船入级规范》中要求主推进柴油机曲轴的扭振许用应力应不超过下式计算所得之值[5]：

持续运转：

$$[\tau_c] = \pm\left[(52 - 0.031d) - (33.8 - 0.02d)r^2\right] \quad (0 < r \leqslant 1.0)$$

$$[\tau_c] = \pm\left[(18.1 - 0.0113d) + (87.3 - 0.052d)\sqrt{r - 1}\right] \quad (1.0 < r \leqslant 1.05)$$

瞬时运转：

$$[\tau_t] = \pm 2.0[\tau_c] \quad (0 < r \leqslant 0.8)$$

式中，$[\tau_c]$ 为持续运转扭振许用应力（N/mm²）；$[\tau_t]$ 为瞬时运转扭振许用应力（N/mm²）；d 为轴的直径（mm）；$r = \dfrac{n_c}{n_e}$，n_c 为临界转速（r/min），n_e 为额定转速（r/min）。

3.1.3　曲轴疲劳计算

曲轴是内燃机中最重要的零部件之一，必须可以长时间可靠工作。在连杆轴颈过渡圆角、主轴颈过渡圆角和润滑油油孔等位置应力集中明显，容易产生破坏。当不包括扭振引起的扭转疲劳破坏情况下，大多数曲轴破坏是弯曲疲劳引起的，弯曲疲劳载荷具有决定性作用，弯曲疲劳破坏的特征是：裂纹从过渡圆角位置产生并向曲柄臂发展，造成曲柄臂断裂。

扭转疲劳破坏主要形式包括：

1）从油孔处产生的扭转疲劳破坏。裂纹从油孔处产生，沿与轴线成45°~55°角度方向发展，造成主轴颈或曲柄销断裂。

2）从过渡圆角处产生的扭转疲劳破坏。裂纹从过渡圆角处产生，沿与轴线成45°角度方向发展，造成主轴颈或曲柄销断裂。

3）从曲柄销减重孔处产生的扭转疲劳破坏。

此外，由于材料缺陷或者工艺不当也可能会引起曲轴表面的油孔或圆角产生裂纹造成破坏。

进行曲轴疲劳计算的方法主要基于经验公式、单拐模型和多体动力学模型。单拐模型常用于初步设计阶段，由于其约束条件很难还原润滑油膜的支撑作用等原因导致结果不够准确。基于多体动力学进行曲轴疲劳计算时，将详细的润滑计算耦合考虑更为准确，简化计算时可使用多组特定的弹簧单元代替润滑油膜的非线性传递效果。

基于多体动力学的曲轴疲劳计算常用的分析流程为：

1）曲轴多体动力学计算，包括建立有限元网格模型、选定主节点进行模态缩减、建立多体动力学模型、载荷施加、迭代收敛参数设置，最终获得曲轴主节点振动位移结果。

2）曲轴动应力计算，以曲轴有限元网格模型和曲轴主节点振动结果作为动力应力计算的输入数据，获得随时间变化的曲轴动应力空间结果。

3）曲轴疲劳计算，以曲轴动应力结果作为疲劳计算的输入数据进行疲劳计算，获得曲轴疲劳安全系数和寿命等结果。

1. 曲轴系统多体动力学计算

如果对所有网格节点进行计算，需要求解庞大的方程组，从而导致计算量过大。为了降低方程组计算的自由度数，一般采用模态减缩方式，如采用子结构模态综合法（component mode synthesis，CMS）：

$$q = G_{fa}\begin{pmatrix} q_t \\ z \end{pmatrix} = G_{fa}q_a$$

式中，q 为未缩减向量，G_{fa} 为转换矩阵；q_a 为缩减后向量，q_t 为物理自由度；z 为模态自由度。

运动方程的缩减形式：

$$\underbrace{(G_{fa}^t M G_{fa})}_{\overline{M}} \ddot{q}_a + \underbrace{(G_{fa}^t D G_{fa})}_{\overline{D}} \dot{q}_a + \underbrace{(G_{fa}^t K G_{fa})}_{\overline{K}} q_a = \underbrace{G_{fa}^t f}_{\overline{f}}$$

简化为

$$\overline{M}\ddot{q}_a + \overline{D}\dot{q}_a + \overline{K}q_a = \overline{f} \tag{3-12}$$

式中：$\overline{M}$ 为缩减的质量矩阵；$\overline{D}$ 为缩减的阻尼矩阵；$\overline{K}$ 为缩减的刚度矩阵；q_a 为缩减的位移向量；$\overline{f}$ 为缩减的载荷向量，包括外部载荷、连接件之间的力和力矩，以及坐标系转换引起的非线性惯量项。

多体动力学计算之前需要先划分曲轴网格模型、选定主节点进行模态缩减。曲轴网格类型以六面体单元为主，如图 3-8 所示，建立网格模型时，关键技术是控制过渡圆角的网格离散：主轴颈过渡圆角及连杆轴颈过渡圆角划分多层网格，建议使用 6 层网格。在曲轴主轴颈、连杆轴颈、飞轮、减振器和止推轴承对应位置分别建立动力学耦合单元，约束耦合节点 6 个方向的自由度。

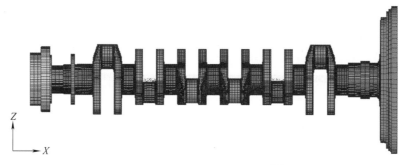

图 3-8　曲轴轴系有限元模型[6]

X 轴为曲轴旋转轴，自由端指向飞轮方向设为正向；Z 轴与气缸中心线平行。

对于机体组模型，机体轴瓦内表面约束 Y、Z 方向平移自由度，缸套主次推力面约束 Y、Z 方向平移自由度，止推轴承约束 X 方向平移自由度。连杆在大头、小头和质心位置约束 6 个方向自由度。建立基于 CMS 的多体动力学计算模型。活塞组质量与连杆小头质量集中到连杆小头位置，连杆小头加载作用在活塞上的气体力，飞轮端加载负载力矩。进行动力学计算最终获得曲轴主节点振动结果。

已知在曲轴上作用的力和力矩，才能为曲轴应力计算提供准确的载荷边界并分析曲轴应力状态。对于图 3-9 中的曲轴动力学计算的系统模型而言，系统的外部载荷为作用于活塞上的气体压力和作用于飞轮端的负载力矩。将各缸的活塞载荷分别作用于各缸的连杆小头主自由度节点上，将发动机负载力矩作用在飞轮端主自由度节点上，而连杆轴颈载荷作为连杆和曲轴之间的内部载荷由动力学计算获得。

2. 曲轴动应力和疲劳仿真

曲轴疲劳计算需以曲轴动应力作为疲劳计算输入，曲轴疲劳计算的动应力应覆盖一个完整周期，常用方法是将整个周期分解成不同曲轴转角下的静态应力计算，从而组成一个周期的曲轴动应力历程。此外，也可开展瞬态振动计算，但这种方式计算量很大，对计算机的硬件要求很高。

曲轴多体动力学计算可获得随曲轴转角变化的曲轴主节点位移结果，以不同曲轴转角时刻下曲轴各主节点 6 个自由度的位移数据作为曲轴动应力计算的边界条件，常将

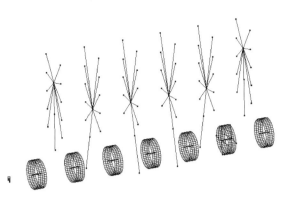

图 3-9　曲轴动力学计算模型[6]

四冲程发动机每 5° 曲轴转角作为一个分析步，一个循环 720° 曲轴转角，共计算 144 个分析步，通过有限元计算获得曲轴动应力历程，并进一步以曲轴有限元结果为输入数据开展疲劳计算。疲劳计算使用通用疲劳软件计算，调用材料数据库或者用户自行指定材料属性，例如某曲轴材料属性见表 3-2。

表 3-2　某曲轴材料属性[7]

载荷形式	极限强度/MPa	屈服强度/MPa	脉动疲劳强度/MPa	交变疲劳强度/MPa
拉	850	441.6	638.9	382.5
压	850	441.6	0	382.5
弯	1017	558.6	780.7	412.8
剪	490.8	255.0	408.8	220.8

曲轴疲劳计算常基于 S-N 曲线和疲劳极限线图（如 Haigh 图、Goodman 图或 Smith 图等），计算时需要考虑应力梯度、平均应力、平均应力修正、疲劳极限线图修正、表面粗糙度、加工工艺和存活率等因素。疲劳载荷计算常使用临界平面法。图 3-10 所示为试棒 S-N 曲线和计算用 S-N 曲线，图中 N_0 为疲劳循环基数，对于硬度小于 350HBW 的钢材，$N_0 = 10^7$。图 3-11 为零部件原始 Haigh 图和修正 Haigh 图。

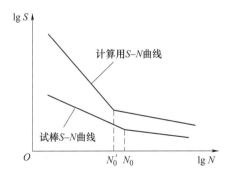

图 3-10　试棒 S-N 曲线和计算用 S-N 曲线

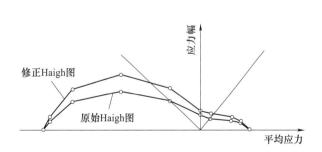

图 3-11　零部件原始 Haigh 图和修正 Haigh 图

疲劳安全系数 SF_A 的计算公式为：

$$SF_A = \frac{\sigma_{\text{Endurance}}}{\sigma_A} \qquad (3\text{-}13)$$

式中，σ_A 为循环应力的应力幅；$\sigma_{\text{Endurance}}$ 对应修正后的疲劳循环基数 N_0'，如图 3-12 所示。

曲轴疲劳计算最小安全系数建议大于 1.2。

图 3-13 所示为某曲轴疲劳安全系数的计算结果，安全系数小的区域更容易发生疲劳破坏，由图可见，连杆轴颈过渡圆角和主轴颈过渡圆角位置是容易产生疲劳破坏的位置。

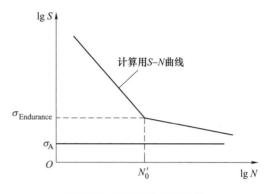

图 3-12　疲劳安全系数计算

图 3-13　某曲轴疲劳安全系数的计算结果[7]

扫码查看彩图

3. 提高曲轴疲劳强度的措施

若裂纹从过渡圆角位置产生并向曲柄臂发展，造成曲柄臂断裂，则应考虑是由弯曲疲劳破坏引起的，其具体原因有：

1）圆角半径过小。

2）圆角加工不良。

3）曲柄臂太薄。

4）主轴承不均匀磨损产生过大的附加弯曲应力。

5）曲轴箱及支撑刚度太差。

相应的改进措施有：

1）加大圆角半径，采用沉割圆角或卸载槽。

2）改善圆角加工质量。

3）选择适当的曲柄臂厚。

4）防止轴承过度磨损。

5）提高曲轴箱及支撑刚度。

若裂纹从油孔或者圆角处产生并沿轴线方向约 45° 发展，造成曲柄销或主轴颈剪切断裂，则应考虑是扭转疲劳破坏，其具体原因有：

1）扭振严重。

2）油孔边缘过尖或表面加工粗糙。

3）圆角半径过小或加工不良。

相应的改进措施有：

1）通过匹配减振器等减扭振技术降低扭振。

2）油孔边缘修圆并抛光，改善油孔加工质量。

3）选择适当的圆角，改善圆角加工质量。

此外，现在生产曲轴在工艺上普遍采用圆角滚压强化、圆角淬火强化、喷丸强化和氮化处理等措施，使曲轴表面产生压应力，这在很大程度上提高了曲轴疲劳强度。

3.2 连杆组仿真与设计

3.2.1 引言

1. 基本结构和工作条件

连杆组包括连杆体、连杆大头盖、连杆螺栓、连杆衬套和连杆轴瓦等。图 3-14 所示为连杆结构图。锻造连杆材料常为中碳钢或中碳合金钢。连杆将活塞往复运动转换为曲轴旋转运动，连杆杆身做平面摆动。

2. 设计要求

1）连杆应具有足够的强度和刚度。

2）连杆应具有较小的质量。

3）连杆应具有足够的承压面积和良好的轴承润滑。

3.2.2 连杆疲劳计算

连杆易出现疲劳破坏的位置有连杆小头油孔、连杆杆身与连杆小头和大头的过渡位置、连杆大头盖及连杆螺栓等位置。进行连杆疲劳计算的方法分别有：

1）基于简化理论公式分别计算连杆小头、杆身和连杆大头的应力和疲劳强度，计算结果与真实状态差距较大。

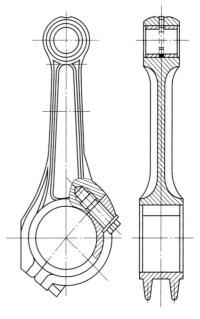

图 3-14 连杆结构图

2）静态有限元方法，常基于装配工况、最大受拉工况和最大受压工况进行疲劳计算，也有计算单一的额定工况疲劳情况，是最为常用的方法。

3）基于瞬态最危险工况点的有限元法：采用多体动力学软件对缩减自由度的连杆子结构模型进行分析并计入润滑的影响，然后使用有限元软件进行动应力恢复，将得到全周期连杆动应力分布结果作为连杆疲劳分析的输入数据，计算得到连杆疲劳结果，从中找到最危险工况点的最大等效应力和最小等效应力对应的两个时刻，将该两个时刻的静力学分析结果与连杆装配工况组合进行疲劳强度计算。该方法更符合连杆实际工作状态，不足在于计算量较大且在一定程度上受危险工况点位置和应力历程是否准确影响。

这里以基于装配工况、最大受拉工况和最大受压工况的静态有限元方法进行阐述。常用的计算分析的流程为：

1）建立有限元网格模型。

2）进行装配工况、最大受拉工况和最大受压工况的静态有限元计算，获得"装配工况+最大受拉工况"和"装配工况+最大受压工况"两个静态应力结果。

3）连杆疲劳计算，以上述两个静应力结果作为疲劳计算输入数据进行疲劳计算，获得连杆疲劳安全系数等结果。

1. 网格划分

连杆的网格模型包括连杆杆身、大头盖、小头衬套、大头轴瓦和连杆螺栓，如图3-15所示。对于对称结构的连杆可使用对称位移边界条件，使用沿对称面分开的半个模型作为计算对象。结构不对称的连杆使用完整模型计算。在两两接触的接触零件上需建立接触面，接触对包括：小头与衬

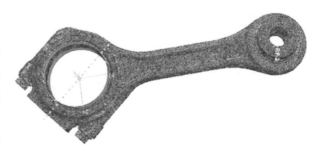

图 3-15 连杆的网格模型[8]

套、杆身与大头盖、杆身与轴瓦、大头盖与轴瓦、杆身与螺栓、大头盖与螺栓、两片轴瓦之间。有限元计算时常会在连杆小头增加活塞销模型，连杆大头增加曲柄销模型，并建立衬套与活塞销接触，以及轴瓦与曲柄销的接触。

2. 计算载荷和约束的处理

连杆有限元计算常考虑三种载荷，即装配载荷（包括小头衬套过盈、大头轴瓦过盈和连杆螺栓预紧力）、惯性力和气体力引起的压载荷。

连杆计算的约束边界条件可采用如下方式：

1）连杆模型静态定位：固定曲柄销中心一组节点，通过曲柄销与连杆大端的接触模拟弹性支撑。

2）对称约束：若连杆形状和载荷对称则通过约束对称面上所有节点法向自由度位移实现对称边界。

连杆计算的工况选择"装配工况+最大受拉工况"和"装配工况+最大受压工况"两个静态应力工况，其中：

1）装配工况：施加连杆小头衬套过盈量和连杆大头轴瓦过盈量，施加螺栓预紧力。

2）最大受拉工况：由连杆惯性力引起，选取发动机最大转速工况活塞处于排气上止点时刻，惯性力通过对有限元网格单元施加惯性力的加速度实现。

3）最大受压工况：由缸内爆发压力引起，选取最大转矩工况的最大爆发压力进行加载，完整连杆模型将气体力的一半分别施加于活塞销的两个端面，半连杆模型将气体力的一半施加于活塞销的一个端面。

连杆的受力工况如图3-16所示。

此外，如果当连杆组网格模型里没有活塞销和曲柄销网格时，最大受拉工况时，将活塞组和连杆小头的往复惯性力以余弦载荷的方式分别施加在衬套上圆周120°和轴瓦下圆周120°范围内；最大受压工况时，则将最大爆发压力以余弦载荷的方式分别施加在衬套下圆周

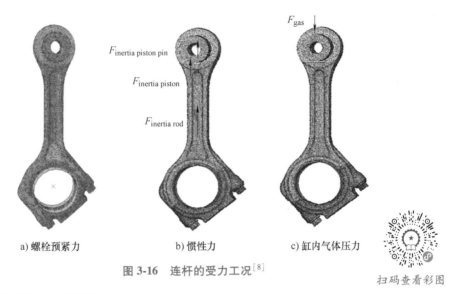

a) 螺栓预紧力   b) 惯性力   c) 缸内气体压力

图 3-16 连杆的受力工况[8]

扫码查看彩图

120°和轴瓦上圆周 120°范围内。

需注意，可通过润滑计算获得连杆轴瓦和衬套内瞬态的、具有空间分布的接触压力（包括油膜压力和粗糙接触压力），以此作为载荷边界更符合实际工作状态。

3. 应力和疲劳计算

将"装配工况+最大受拉工况"和"装配工况+最大受压工况"两个静态应力结果作为连杆疲劳计算的输入数据。连杆疲劳计算也常基于 S-N 曲线和疲劳极限线图（如 Haigh 图等），计算时需要考虑的因素如：应力梯度、平均应力、平均应力修正、疲劳极限线图修正、表面粗糙度、加工工艺和存活率等因素。连杆疲劳计算最小安全系数建议大于 1.2。

连杆的应力分布和疲劳计算结果如图 3-17 所示。其中，图 3-17a 为某锻钢连杆分别受17.7kN 拉力和 21.8kN 压力时，连杆不同位置的 Von Mises 应力分布情况；图 3-17b 为某乘用车 1.5L 三缸柴油机（最高爆发压力 16MPa）连杆破坏位置和疲劳计算结果，疲劳破坏发生在连杆小头油孔位置。

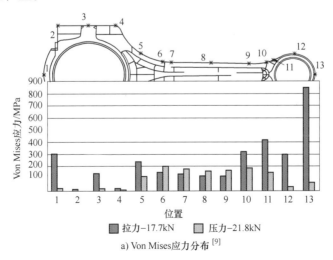

a) Von Mises应力分布[9]

图 3-17 连杆的应力分布和疲劳计算结果

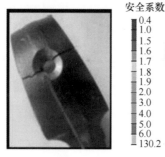

b) 破坏位置疲劳计算结果[10]

图 3-17 连杆的应力分布和疲劳计算结果（续）

扫码查看彩图

4. 提高连杆疲劳强度的措施

1）保证连杆杆身有足够的横截面积。

2）优化连杆小头、连杆大头与杆身过渡处结构。

3）优化连杆小头衬套油孔结构，选择合适的油孔位置。

4）四冲程发动机连杆大头盖增加加强肋。

5）选用合适的连杆材料，保证连杆材料指标符合使用要求。

6）改善连杆铸造、锻造和裂解等加工工艺。

7）保证连杆螺栓的强度。

3.3 活塞组仿真与设计

3.3.1 引言

1. 基本结构和功用

活塞组由活塞、活塞环和活塞销等零件组成，如图 3-18 所示。活塞材料常为铝合金、铸铁和钢等。活塞组的主要功用为：

1）与缸盖和气缸一起构成燃烧室。

2）传递燃气作用力给连杆。

3）密封气缸，防止燃气泄漏到曲轴箱，同时防止润滑油窜入燃烧室。

4）将活塞顶部受的燃烧热量传向气缸和活塞底部散热，对于高负荷内燃机常还有活塞内冷油道散热。

2. 工作条件

活塞工作时受到很高的机械负荷和热负荷，机械负荷由燃气力、惯性力和侧压力等形成。缸内的高温燃气会导致活塞温度很高，活塞顶部温度高、底部温度低且缸内传热不均匀会产生明显的温度梯度，导致活塞热负荷高。活塞组高速滑动且承受较大侧向力，摩擦和磨损较严重，活塞组的摩擦损失可达内燃机机械损失的 50% 以上。

3. 设计要求

1）活塞应具有足够的强度和刚度。

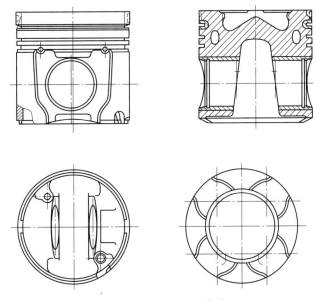

图 3-18　活塞结构图[11]

2）活塞应具有良好的散热，工作温度合适。

3）活塞组应密封良好、耐磨性好、摩擦损失小、润滑油耗小、质量小、振动低和噪声小。

3.3.2　活塞温度场

发动机在稳定工况运行时，虽然每个循环缸内温度的变化很大，但固体的温度只在表面很薄的厚度范围内波动，结构内部温度基本稳定，故可视为稳态温度场计算，传热方程可简化为无内热源的稳态导热方程：

$$\frac{\partial}{\partial x}\left[\lambda(T)\frac{\partial T}{\partial x}\right]+\frac{\partial}{\partial y}\left[\lambda(T)\frac{\partial T}{\partial y}\right]+\frac{\partial}{\partial z}\left[\lambda(T)\frac{\partial T}{\partial z}\right]=0 \tag{3-14}$$

式中，T 为固体温度；$\lambda(T)$ 为基于温度的固体导热系数。

进行活塞温度场仿真时常使用有限元法进行稳态温度场计算，不同计算方法之间的差别主要在于传热边界的处理方式。稳态温度场计算的步骤为：

1）建立有限元网格模型。

2）施加传热边界。

3）计算温度场，进行结果评价。

1. 网格划分

活塞温度场计算网格模型包括活塞和活塞镶圈等，多使用完整活塞模型计算，也可根据实际情况使用简化 1/2 或 1/4 活塞模型作为计算对象。在活塞和活塞镶圈接触位置建立接触面。根据有限元软件对传热边界施加方式的网格要求，增加用于施加传热边界的壳单元或面网格。活塞温度场计算网格模型如图 3-19 所示。

2. 传热边界条件

（1）活塞顶部的传热边界　活塞顶部受到瞬态燃气加热，需要施加高温燃气对活塞顶的传热边界。该传热边界常通过发动机一维工作过程计算或者缸内三维 CFD 计算获得。计算工作过程中常使用的缸内传热模型有 Eichelberg 公式、Woschni 公式、Hohenberg 公式和 Bargende 公式等。例如，Woschni 关系式描述缸内的瞬时传热特性具体形式为：

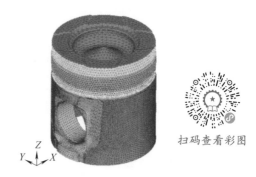

图 3-19　活塞温度场计算网格模型[6]

$$h_{\text{Wos}} = 130d^{-0.2}p_{\text{g}}^{0.8}w_{\text{g}}^{0.8}T_{\text{g}}^{-0.53} \quad (3\text{-}15)$$

$$w_{\text{g}} = C_1 c_{\text{m}} + C_2 \frac{V_s T_1}{p_1 V_1}(p_{\text{g}} - p_{\text{motored}})$$

式中，h_{Wos} 为零维缸内传热系数；d 为气缸直径；c_{m} 为活塞的平均运动速度；p_{motored} 为倒拖工况的缸内压力；p_1、V_1、T_1 分别为进气门关闭时刻缸内气体的压力、体积和温度；V_s 为气缸工作容积。C_1 和 C_2 的取值为：在换气过程中，$C_1 = 6.18$，$C_2 = 0$；在压缩过程中，$C_1 = 2.28$，$C_2 = 0$；在燃烧和膨胀过程中，$C_1 = 2.28$，$C_2 = 3.24 \times 10^{-3}$。

更为准确的方法为完成整个工作循环 720°曲轴转角内的缸内三维 CFD 计算（包括进排气、喷雾和燃烧计算等），得到基于发动机工作循环周期的平均表面传热系数和有效平均气体温度，作为结构温度场计算的燃气侧边界条件。

为保证瞬态边界等效成稳态边界时，传递给固体结构的总传热量一致，第三类边界条件应该是燃气侧和活塞润滑油侧的平均表面传热系数和有效平均温度。

平均表面传热系数为：

$$\left.\begin{aligned} h_{\text{m}} &= \frac{1}{720}\int_0^{720} h_{\text{trans}}\mathrm{d}\varphi \quad (\text{四冲程}) \\ h_{\text{m}} &= \frac{1}{360}\int_0^{360} h_{\text{trans}}\mathrm{d}\varphi \quad (\text{二冲程}) \end{aligned}\right\} \quad (3\text{-}16)$$

有效平均温度为：

$$\left.\begin{aligned} T_{\text{eff}} &= \frac{1}{720h_{\text{m}}}\int_0^{720} h_{\text{trans}}T_{\text{trans}}\mathrm{d}\varphi \quad (\text{四冲程}) \\ T_{\text{eff}} &= \frac{1}{360h_{\text{m}}}\int_0^{360} h_{\text{trans}}T_{\text{trans}}\mathrm{d}\varphi \quad (\text{二冲程}) \end{aligned}\right\} \quad (3\text{-}17)$$

式中，h_{trans} 为瞬态的表面传热系数；T_{trans} 为瞬态流体温度；φ 是曲轴转角。

对于传热空间不均匀性的考虑，缸内三维 CFD 计算已然考虑了空间局部传热情况，经过式（3-16）和式（3-17）计算后得到的第三类传热边界如图 3-20 所示。

使用 Eichelberg 公式、Woschni 公式、Hohenberg 公式和 Bargende 公式等计算时，通常考虑传热系数空间分布，而不考虑燃气温度的空间分布，传热系数 h_{r} 可按 Seal-Taylor 公式计算：

$$\left.\begin{aligned} h_{\text{r}} &= \frac{2h_{\text{m}}}{1 + \mathrm{e}^{0.1\left(\frac{N}{25.4}\right)^{1.5}}}\mathrm{e}^{0.1\left(\frac{r}{25.4}\right)^{1.5}} \quad (r < N) \\ h_{\text{r}} &= \frac{2h_{\text{m}}}{1 + \mathrm{e}^{0.1\left(\frac{N}{25.4}\right)^{1.5}}}\mathrm{e}^{0.1\left(\frac{2N-r}{25.4}\right)^{1.5}} \quad (r > N) \end{aligned}\right\} \quad (3\text{-}18)$$

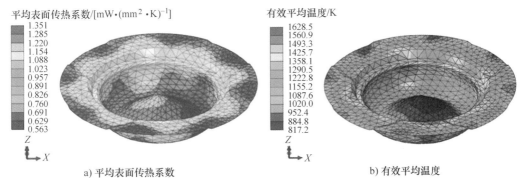

a) 平均表面传热系数　　　　　　b) 有效平均温度

图 3-20　活塞顶部第三类传热边界[6]

扫码查看彩图

式中，r 为距活塞中心线的径向距离；N 为从活塞中心线到活塞顶面最大表面传热系数位置的距离，不同机型的活塞顶面最大表面传热系数位置不同，一般在凹坑的边缘，具体位置可以参考相似机型。

（2）活塞内冷油腔和底部内腔的传热边界　若活塞底部内腔没有喷油冷却，则活塞底部与油雾的传热系数自下而上可取为 $50\sim200\mathrm{W}/(\mathrm{m}^2\cdot\mathrm{K})$；若活塞底部由连杆小头进行喷油冷却，则活塞底部与油雾的传热系数可取为 $200\sim800\mathrm{W}/(\mathrm{m}^2\cdot\mathrm{K})$。流体温度取曲轴箱内润滑油的温度[12]。

振荡内冷油腔的传热系数可使用 Bush 管道流动经验公式[12]：

$$Nu = 0.495Re^{0.57}D^{*0.24}Pr^{0.29} \tag{3-19}$$

式中，努塞特数 $Nu = \dfrac{h_c D}{2\lambda_0}$；雷诺数 $Re = \dfrac{2bD\rho}{\tau\mu}$；当量直径 $D^* = \dfrac{D_e}{b}$；普朗特数 $Pr = \dfrac{\mu c_p}{\lambda_0}$；$h_c$ 为平均传热系数 $[\mathrm{W}/(\mathrm{m}\cdot\mathrm{K})]$；$D$ 为活塞横截面油腔直径（m）；b 为冷却油腔平均高度（m）；λ_0 为润滑油导热系数 $[\mathrm{W}/(\mathrm{m}\cdot\mathrm{K})]$；$D_e$ 为冷却油腔直径（m）；τ 为曲轴转一转的时间（s）；ρ、μ 和 c_p 分别为冷却液的密度（$\mathrm{kg/m}^3$）、动力黏度（$\mathrm{Pa}\cdot\mathrm{s}$）和比热容 $[\mathrm{J}/(\mathrm{kg}\cdot\mathrm{K})]$。

对于进行活塞喷油冷却计算的活塞，进行三维瞬态喷油冷却的 CFD 计算后，将瞬态传热边界按式（3-16）和式（3-17）处理为稳态传热边界，然后提供给活塞内冷油腔和活塞底部，这种方法更符合实际情况，如图 3-21 所示。

（3）活塞环岸、活塞环槽和活塞裙部的传热边界　热量从活塞开始，通过活塞环、润滑油、混合气传递至缸套，然后由冷却水带走。在传热理论中可以将润滑油、混合气、活塞环和缸套视为传热热阻，串联热阻模型如图 3-22 所示。

针对多层平板热阻模型，传热系数可通过热阻计算获得，传热系数与热阻值呈倒数关系，多层平板传热的热阻类似串联电阻值之间的关系，多层平板传热热阻值的计算公式为：

$$R_{总} = R_w + R_1 + R_2 + \cdots + R_n = \frac{1}{h_w} + \frac{\zeta_1}{\lambda_1} + \frac{\zeta_2}{\lambda_2} + \cdots + \frac{\zeta_n}{\lambda_n}$$

式中，ζ 为各个传热介质的厚度；λ 为传热介质的导热系数；h_w 为冷却水腔表面传热系数。

此时传热系数 h 的计算公式为：

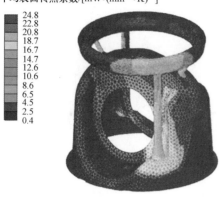

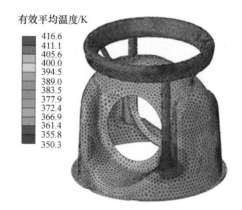

a) 平均表面传热系数

b) 有效平均温度

图 3-21 活塞内冷油腔和底部传热边界[6]

扫码查看彩图

$$h = \cfrac{1}{\cfrac{1}{h_\mathrm{w}} + \cfrac{\zeta_1}{\lambda_1} + \cfrac{\zeta_2}{\lambda_2} + \cdots + \cfrac{\zeta_n}{\lambda_n}} \qquad (3\text{-}20)$$

式（3-20）以冷却水腔为起点计算活塞侧面传热边界，当计算起点为气缸内表面时，需去掉冷却水腔传热项 $1/h_\mathrm{w}$ 及水腔表面至气缸内表面之间的结构导热热阻。

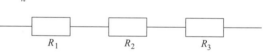

图 3-22 串联热阻模型

3. 活塞温度场分析和评价

活塞最高温度超过 370℃（甚至 400℃）时，材料强度急剧下降，产生疲劳破坏。活塞环和缸套之间需通过润滑油避免磨损和降低摩擦，第一道活塞环环槽温度过高时易引起润滑油变质、结焦，甚至炭化，引起破坏。活塞温度场如图 3-23 所示。

1）铸造铝合金活塞关键部位温度极限参考值：活塞顶部表面温度≤370℃，燃烧室温度≤360℃，第一环槽温度≤260℃，冷却油腔温度≤220℃，活塞内腔顶部温度≤250℃，活塞销座温度≤180℃。

2）锻钢活塞关键部位温度极限参考值：燃烧室喉口温度≤500℃，冷却油腔顶部温度≤300℃，第一环槽温度≤220℃[13]。

4. 活塞温度优化设计

减轻活塞热负荷的设计措施包括：

1）尽量减小顶部受热面积。

2）强化顶面，采用不同的材料或将表面进行处理。

3）保证热流畅通。

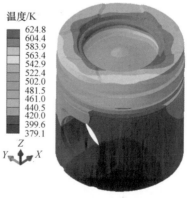

图 3-23 活塞温度场[14]

扫码查看彩图

4）采用适当的火力岸高度。

5）对于热负荷较高的活塞，可在活塞头部内侧喷油冷却或者活塞头部设内部油腔进行振荡冷却。

以重型车用柴油机活塞为例，喷油冷却的选择依据如下[13]：

（1）按照活塞顶面投影面积选型

1）当活塞顶面单位面积功率≤2.4W/mm²时，活塞不采用强制冷却。

2）当活塞顶面单位面积功率为2.4~3.2W/mm²时，活塞采用内腔强制喷油冷却。

3）当活塞顶面单位面积功率≥3.2W/mm²时，活塞采用冷却油腔振荡冷却。

（2）按照升功率选型

1）当活塞升功率为26~35kW/L时，铸造铝活塞采用冷却油腔。

2）当活塞升功率≥35kW/L时，采用整体锻钢活塞，活塞头部带有冷却油腔。

3）但是当最高燃烧压力大于20MPa时，均应采用整体锻钢活塞。

为使第一环槽不因温度过高而造成破坏，可采取以下措施降低该位置温度[1]：

1）选择适当的顶岸高度。

2）使活塞在上止点时，第一环的位置处于冷却水套范围内。

3）将第一道环安排在活塞顶厚度以下。

4）在第一环槽之上开一个隔热槽。

5）减小顶岸和缸套之间的间隙。

6）在铝活塞环槽处加镶块。

7）活塞顶部采用等离子喷镀陶瓷。

8）活塞顶部进行硬膜阳极氧化处理。

3.3.3 活塞应力和疲劳计算

1. 活塞危险位置

活塞在工作过程中同时受到较高的热负荷和机械负荷。活塞的温度高且分布不均匀，热负荷的影响大不能忽略，尤其是活塞头部的疲劳破坏与热负荷的关系密不可分。活塞承受气体压力、往复惯性力、侧向力和摩擦力等机械载荷，会产生很大的机械应力。活塞应力计算通常是基于有限元的静应力计算，计算时要考虑热机耦合作用。

活塞头部产生的疲劳裂纹多数发生在气门凹坑、燃烧室喉口边缘、活塞顶内壁与销座根部连接处。销座内孔上侧边缘易产生严重的应力集中，致使销座开裂。做功行程缸内气体压力大，活塞顶面受缸内气体压力，而活塞销座则受活塞销的反作用力，导致活塞产生变形，如图3-24a所示；同时，活塞销两侧与销座接触位置受到由活塞传递来的气体力，中间与连杆小头接触位置受到连杆小头的支撑作用，导致活塞销产生变形，如图3-24b所示。由于活塞销和销座之间的这两种变形不协调，导致在销孔内侧产生很大的棱缘负荷（图3-24c），容易造成活塞销座开裂。

2. 网格模型

活塞应力计算网格模型包括活塞和活塞镶圈等，多使用完整活塞模型计算，也可根据实际情况使用简化1/2或1/4活塞模型作为计算对象。在进行活塞应力计算时，可以单独使用活塞作为网格模型，这时应力计算网格常和温度场计算使用相同的网格，需要注意，应将网

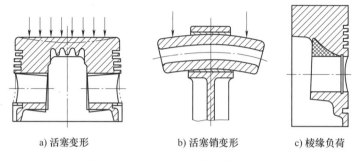

a) 活塞变形　　　　　　b) 活塞销变形　　　　　　c) 棱缘负荷

图 3-24　活塞销座棱缘负荷的形成

格单元类型从温度场计算类型转换为应力计算类型。此外，活塞应力计算网格模型中也常增加活塞销和连杆小头，通过建立销座和活塞销接触、活塞销和连杆小头接触以接近实际情况，更准确反映棱缘负荷的情况，如图 3-25 所示。后文中，边界条件以考虑活塞销和连杆小头模型的计算方案进行说明。

3. 研究工况和边界条件

（1）研究工况　活塞高周疲劳计算常在某特定工况下计算（如额定工况、最大转矩工况和超负荷工况等）或者基于特定的工况组合进行。例如，GJB 5464.1 中对台架耐久性考核规定的柴油机考核工况，如图 3-26 所示。

（2）载荷边界　用活塞温度场作为边界条件来计算活塞在热负荷下的热应力和热变形情况。活塞顶面受到缸内燃气压力作用，将最大爆发压力施加在活塞顶面。活塞头部侧面与缸套间隙中存在燃气泄漏，

图 3-25　活塞应力计算网格模型[15]

可认为活塞顶岸和第一环槽处的气体压力等于最大爆发压力，下方的漏气通道里压力可设为活塞侧面漏气过程的气体实测压力，常用方法是按照图 3-27 中的经验值进行设置，由于不同机型不同工况漏气情况各不相同，更合理的方案是通过活塞环组动力学计算漏气压力获得（见本书第 5 章）。由于最大燃气压力时刻的活塞往复惯性力和燃气作用力方向相反，因此常忽略活塞组往复惯性力。

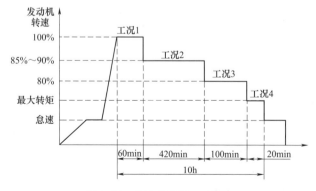

图 3-26　柴油机考核工况[16]

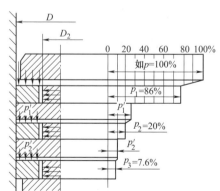

图 3-27　活塞载荷边界[1]

（3）位移约束边界 在对活塞温度场进行分析时，可以不用施加位移约束，但在进行热机耦合应力计算时，要给活塞足够的自由度约束，消除刚体位移，必须提供位移约束边界。采用 1/4 有限元模型进行分析时须在所有零件的对称剖面上施加对称边界，并在连杆小头横断面施加固定位移约束。

4. 活塞应力和疲劳强度

对于某特定发动机工况（如额定工况、最大转矩工况和超负荷工况等单一发动机工况）的活塞高周疲劳计算，常选定热应力工况作为低载荷，爆发压力和热应力共同作用工况作为高载荷，通过高低工况对活塞进行热机械耦合疲劳安全系数计算。活塞疲劳计算常基于 S-N 曲线和疲劳极限线图（如 Haigh 图等），计算时需要考虑的因素有应力梯度、平均应力、平均应力修正、疲劳极限线图修正、表面粗糙度、加工工艺和存活率等。

图 3-28 中活塞最小安全系数位置出现在活塞销座与活塞内腔的交界处，该位置的热应力与热机耦合应力相差较大。

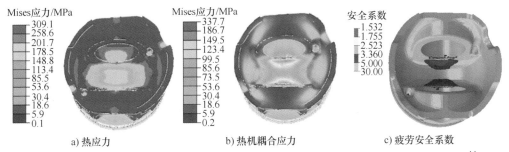

a) 热应力　　　　　b) 热机耦合应力　　　　　c) 疲劳安全系数

图 3-28 活塞应力和疲劳安全系数[17]

扫码查看彩图

由发动机在起动-停车工况带来的活塞负荷大范围变化，称为低周工况。在此工况下，虽然活塞负荷变化频率低，但活塞温度变化范围大，在活塞升温及降温过程中，由于温度梯度的变化会引起活塞一些部位存在较大的应力变化，从而引起活塞关键部位失效。低周热疲劳寿命预测理论可基于 Sehitoglu 理论，认为在热机载荷作用下，构件的总损伤等于疲劳损伤、氧化损伤及蠕变损伤之和[18]。这里不展开讲述，作为课后思考题进行文献综述研究。

5. 提高活塞强度的措施

（1）提高活塞头部强度的措施 活塞头部产生的疲劳裂纹多数发生在气门凹坑、燃烧室喉口边缘、活塞顶内壁与销座根部连接处。从结构上解决头部裂纹的措施如下：

1）合理设计活塞头部形状，降低活塞顶面的机械应力，使顶面应力状态在疲劳极限的范围以内。

2）避免加工尖角，采用较大的过渡圆角，以消除应力集中。

3）降低活塞热负荷，提高铝合金的疲劳极限，使顶面的应力状态处在安全范围之内。

4）在燃烧室喉口铸入耐热护圈（如镍合金护圈等），但这种结构会使活塞重量和成本增加，冷却腔很难布置，长期运行后护圈与活塞顶之间会产生缝隙。

（2）提高活塞销座强度的措施[1] 销座内孔上侧边缘易产生严重的应力集中，活塞销座和活塞销变形不协调引起的棱缘负荷易致使销座开裂。为了减轻销孔内侧的压力集中（图 3-29a），在设计时应使活塞销有较大的刚度，由此减小它的弯曲变形。对于活塞销座，应从总体上增加其刚度，减小其变形；但从局部来说，应使它有一定的弹性，以适应局部变形。具体可采取以下措施；

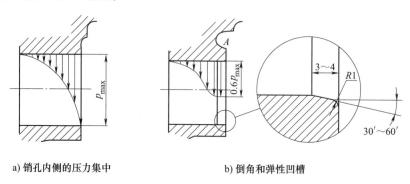

a) 销孔内侧的压力集中   b) 倒角和弹性凹槽

图 3-29　活塞销座降低棱缘负荷的措施[1,12]

1）在活塞销座与顶部连接处设置加强肋，可增加活塞销座的刚度。采用单肋时，由于加强肋在中央，使活塞销座弹性较差，因此易在销孔内侧上部产生较高的局部应力；采用双肋时，由于两个肋条斜置，其中间有一凹穴，这使活塞销座有一定的弹性，能较好地适应活塞销的弹性变形。

2）将销孔内缘加工成圆角或倒棱，或在活塞销座内孔上部加工出一个弹性凹槽（图3-29b）。

3）将销孔中心相对活塞销座外圆向下偏心 3~4mm，使活塞销座上面的厚度比下面大些，以加强活塞销座承压强度。为了达到同样的目的，有时将活塞销座设计成上长下短的形式，相应地将连杆小头做成上窄下宽的形式，或将销座做成阶梯形。这样对于气体压力很大的柴油机，可使其活塞销座及连杆小头的单位压力在上、下两面接近。

4）将活塞销座间距缩小，以减小活塞销的弯曲。

5）在铸铝活塞的销孔中压入锻钢合金的衬套，可提高 50%~60% 抗裂纹能力。

例 3-3　试思考图 3-21 三维瞬态喷油冷却的 CFD 计算后活塞内冷油腔和活塞底部的传热边界与式（3-19）或经验值的差别。该活塞为重型商用车用直列六缸柴油机活塞，喷嘴处润滑油流量为 7L/min。

解　式（3-19）或经验值在整个活塞内冷油腔壁面的传热边界是常数，在活塞底部内腔壁面提供的传热边界也是常数。图 3-21 中，喷油入口通道附近的润滑油温度低，表面传热系数高，局部散热显著；在内冷油腔内靠近喷油入口侧的区域，也呈现出润滑油温度低、表面传热系数高、局部散热显著的特点。而在经过内冷油腔后，出口附近的润滑油温度升高。这些明确的局部物理现象，从式（3-19）或经验值中难以体现。活塞内冷油腔振荡冷却是实现内燃机高强化的重要技术之一。强制喷油振荡冷却的仿真和设计详见第 5 章。

随着新材料和喷油振荡冷却等技术的发展，国内各大活塞厂均开发出了满足最新排放标准和提高热效率的活塞形式。2020 年 9 月 16 日，潍柴在山东济南发布全球首款突破 50% 热效率的商业化柴油机，该款柴油机搭载渤海活塞研制的 WP13HC 钢活塞。渤海活塞在国际市场中已是不容小觑的中国力量，与马勒、KS、辉门等企业齐名。

3.4 机体组仿真与设计

3.4.1 引言

1. 基本结构

机体组主要由机体、气缸盖、气缸盖罩、气缸衬垫、主轴承盖及油底壳等组成。镶气缸套的发动机，机体组还包括干式或湿式气缸套。机体常为气缸体与曲轴箱的连铸体，绝大多数水冷发动机的气缸体与曲轴箱连铸在一起，而且多缸发动机的各个气缸也合铸成一个整体。风冷发动机几乎无一例外地将气缸体与曲轴箱分别铸制。进行机体组有限元计算时，还常将气门、气门导管和座圈等考虑在内。图 3-30 所示为机体组结构图。

气缸盖材料常用灰铸铁、合金铸铁和铝合金，载荷更高的还使用蠕墨铸铁和球墨铸铁。机体材料常用灰铸铁、合金铸铁、蠕墨铸铁和铝合金。气缸套材料常用高磷铸铁、含硼铸铁和球磨铸铁。

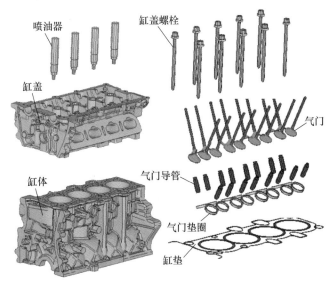

图 3-30 机体组结构图[19]

2. 机体的工作条件和设计要求

在发动机工作时，机体承受周期性的气压力、惯性力和翻倒力矩作用，机械负荷大。气压力使机体受到上下拉伸作用，往复惯性力和旋转惯性力对机体下部和主轴承盖影响很大，翻倒力矩使机体承受绕曲轴旋转方向的扭转作用。机体设计要求有：

1）合理选择机体结构形式，保证有足够的刚度与强度。

2）依据受力情况，合理设计受力部位的结构和形状，使作用力集中在某些限定区域内。机体壁的圆角和厚度应无急剧变化，以免应力集中。

3）要求尺寸小、重量轻、结构简单。

4）注意噪声的降低，考虑标准化、系列化和通用化问题。

3. 气缸套的工作条件和设计要求

气缸套与气缸盖、活塞形成燃烧室空间，并对活塞运动起导向作用。内燃机工作时，在最高爆发压力和缸壁内外温差的作用下，气缸套受到相当大的机械应力和热应力。此外，活塞对气缸套的侧压力和滑动摩擦，使气缸套产生弯曲应力和磨损；冷却水对气缸套外壁的化学、电化学和空穴作用，使其产生腐蚀或穴蚀。气缸套设计要求有：

1）要有足够的强度，以承受高温高压下的机械应力和热应力；要有足够刚度，以保证在任何情况下气缸套的变形较小。

2）要有良好的抗磨性能。其内表面有珩磨纹路和存油孔隙，以保证可靠的润滑。

3）合理控制缸套温度。

4）加强气缸套外表面的抗穴蚀性能。

4. 气缸盖的工作条件和设计要求

气缸盖与活塞顶面和气缸内表面构成燃烧室空间。由于气缸盖火力面承受缸内高温、高压燃气作用，为保证密封良好，缸盖螺栓总预紧力应比气缸爆发压力大得多。同时，气缸盖内还有进、排气道和冷却水腔等结构和配气机构、喷油器等零部件，导致缸盖结构较为复杂。气缸盖设计要求有：

1）应具有足够的刚度与强度，保证良好密封。

2）合理选择"鼻梁区"结构和厚度等尺寸、冷却水流方式和冷却水孔道的布置，以及进出水孔尺寸。若出水孔位置布置适当，可减少内部蒸汽阻力和过热现象。对高速高强化及中速大功率柴油机气缸盖的冷却方案，还应考虑防止热裂与变形问题。

3）气道、燃烧室形式与布置合理，要力求空气流动损失最小，形成适当的进气流动形式，并具有较好的燃烧性能。

4）气缸在拐弯处圆角过渡要平滑，各相连处壁厚不宜相差过大。

3.4.2 缸盖-缸套-机体温度场计算

缸盖-缸套-机体温度场计算是燃烧、冷却、润滑、密封和热强度等设计的基础。缸盖火力面受到缸内高温燃气的瞬态作用，热负荷较高，易导致冷却水腔中冷却液温度达到沸点，同时存在对流传热和沸腾传热两种传热方式，随着内燃机功率密度越来越大，沸腾现象也更加显著。因此，缸内燃气侧传热和冷却水腔内传热对缸盖热负荷起到重要作用。气缸体温度场受缸内高温燃气作用，具有较高的热负荷，水冷内燃机主要通过冷却水腔对缸套进行冷却，缸套温度在基本符合从顶部到底部温度逐渐降低的同时，空间分布也存在一定的差异。

1. 网格模型

缸盖-缸套-机体温度场有限元计算是基于三维网格模型进行的，根据计算要求分别对缸套、缸盖、缸盖螺栓、缸垫、气门、机体等进行三维有限元建模，在接触位置建立接触面，共同组成计算网格模型。建模时，模型的主要尺寸和重要的圆角、倒角部分均不做简化，对缸盖鼻梁区、气道、水套壁面等区域进行局部加密，以保证结果的准确性。多缸内燃机常选择其中一个气缸进行温度场和应力场计算；V型机选择一对气缸进行温度场和应力场计算；六缸及以上直列多缸机也可选择其中部分气缸进行温度场和应力场计算，例如选择自由端气缸、飞轮端气缸和中间一个气缸组合成三个气缸的网格模型。机体组网格模型如图3-31所示。

2. 传热边界条件

在开展缸盖-缸套-机体传热计算时，对于燃烧室内传热边界，最接近实际的计算方法是进行三维缸内CFD计算，获得空间分布的燃气侧传热边界。但由于其动网格复杂、计算难度较大（见图3-32），常采用AVL BOOST或者GT POWER开展发动机工作过程计算，并结合经验公式给出缸盖火力面和缸套燃气侧传热边界。

水腔侧耦合传热计算通常考虑强制对流传热的影响。对于考虑活塞组耦合影响时，也将活塞网格模型联立计算，常将润滑油膜假设为一维热阻模型。此外，机体组暴露在空气中的空气温度和传热系数可根据实际工作环境确定，

图3-31　机体组网格模型[6]

如空气温度取30℃，表面传热系数取60W/（m²·K）。当接触不够紧密时，不同接触零件间的接触换热通过定义接触传热系数进行考虑。其中最为重要和复杂的传热边界有：

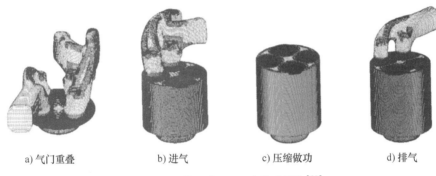

a) 气门重叠　　　b) 进气　　　c) 压缩做功　　　d) 排气

图3-32　三维缸内CFD计算动网格[20]

（1）缸盖火力面传热边界　使用AVL BOOST或者GT POWER等软件开展发动机工作过程计算，获得缸内平均燃气温度和有效平均表面传热系数，施加在缸盖火力面。可进一步考虑火力面处表面传热系数的径向分布情况，奥地利AVL公司认为缸盖火力面处的表面传热系数主要受缸内气流的影响，并综合考虑其他因素的影响，将其中辐射换热的因素也等效成对流换热，得出了火力面处的表面传热系数（HTC）与缸内径向位置（R）变化之间的无量纲关系，如图3-33所示。

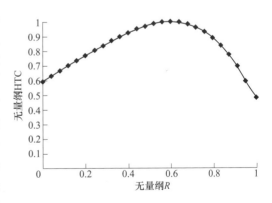

图3-33　表面传热系数与缸内径向位置的无量纲关系[21]

（2）进、排气道传热边界[21]　进排气道内的换热主要是以气流和壁面之间的对流换热为主。一般情况下，排气废气的温度高于排气道壁面的温度，而进气道内新鲜空气的温度低于进气道壁面的温度，因此在排气道内，高温气体向壁面放热，而在进气道内，壁面向进气

放热。

根据 AVL BOOST 或者 GT POWER 等软件的热力循环模拟计算得到的气体平均温度和平均质量流量，以及进、排气道本身的结构形状，再利用式（3-21）和式（3-22）分别计算得到进气道与排气道内的表面传热系数。

排气道壁面的表面传热系数 α_{po} 为

$$\alpha_{po} = (C_1 + C_2 T_{uo} - C_3 T_{uo}^2) T_{uo}^{0.44} m_o^{0.5} d_{vo}^{-1.5}\left(1 - 0.797 \frac{h_{vo}}{d_{vo}}\right) \tag{3-21}$$

进气道壁面的表面传热系数 α_{pi} 为

$$\alpha_{pi} = (C_4 + C_5 T_{ui} - C_6 T_{ui}^2) T_{ui}^{0.33} m_i^{0.68} d_{vi}^{-1.68}\left(1 - 0.765 \frac{h_{vi}}{d_{vi}}\right) \tag{3-22}$$

式中，下角标 o 和 i 分别代表排气和进气；T_u 为气道内气体介质的温度（K）；m 为流体的质量流量（kg/s）；h_v 为气门升程（m）；d_v 为气门座的直径（m）；$C_1 \sim C_6$ 为经验常数，其具体数值见表 3-3。

表 3-3　进排气道表面传热系数计算用经验常数

排气门参数		进气门参数	
C_1	1.2809	C_4	1.5132
C_2	7.0451×10^{-4}	C_5	7.1625×10^{-4}
C_3	4.8035×10^{-7}	C_6	5.3719×10^{-7}

（3）缸套内表面传热边界　柴油机气缸套分为三个部分，分别是上止点以上、上下止点之间和下止点以下。

1）位于活塞上止点以上部分通过一个周期内的柴油机三维缸内工作过程计算，获得有效平均温度和平均表面传热系数。

2）位于上下止点之间的部分平均表面传热系数及平均温度的确定，需要考虑燃气温度、活塞上下运动的摩擦热和活塞在这部分的运动规律等因素的影响，因此缸套内表面距离缸套顶部 h 高度处的平均表面传热系数 $\alpha_{ave}(h)$ 及平均温度 $T_{ave}(h)$ 为[22]

$$\alpha_{ave}(h) = \alpha_{ave}(0)(1 + K_1\beta)\, e^{-\sqrt[3]{\beta}} \tag{3-23}$$

$$T_{ave}(h) = T_{ave}(0)(1 + K_2\beta)\, e^{-\sqrt{\beta}} \tag{3-24}$$

式中，$\beta = h/S (0 \leqslant \beta \leqslant 1)$，$S$ 为活塞行程；$K_1 = 0.5730(S/D)^{0.24}$；$K_2 = 1.45 K_1$。冲程与缸径的比值包含在公式中，对上下止点之间的传热系数及平均温度都有影响。

3）下止点以下部分距离燃气爆发位置较远，与其他部分冷却条件及影响温度的因素都不同，因此该位置的平均表面传热系数及平均温度的确定公式与上下止点之间的公式不同。此时缸套内表面距离缸套顶部 h 高度处的平均表面传热系数 $\alpha_{ave}(h)$ 及平均温度 $T_{ave}(h)$ 为

$$\alpha_{ave}(h) = \alpha_{ave}(0)(-0.5355\beta + 1.1138) \tag{3-25}$$

$$T_{ave}(h) = T_{ave}(0)(-0.3274\beta + 1.0025) \tag{3-26}$$

（4）冷却水腔传热边界　因为使用 Fluent、StarCCM+、AVL FIRE 等流体软件计算三维冷却水腔流动传热的技术已经很成熟，当前冷却水腔传热边界很少使用经验公式计算，而是使用流体软件对发动机冷却水腔进行 CFD 计算。取冷却水腔壁面的流体温度和表面传热系

数，将其投影到有限元网格上作为结构温度场计算中冷却水腔壁面的第三类热边界条件。投影过程中要求流场计算表面网格与有限元体网格对应的表面网格空间位置重合。当进行双向耦合计算时，需要将有限元计算得到的温度场再提供给冷却水腔壁面，用于给定空间分布的水腔壁面温度，重新计算水腔流动传热。反复计算水腔流动和机体组温度场直至收敛。三维冷却水腔流动传热计算详见第5章。

3. 流固传热耦合数据映射

根据发动机的工作状态，机体组温度场计算的边界条件可以分为稳态传热边界和瞬态传热边界，处理的具体方式如下：

1）稳态边界的映射：通过空间插值算法进行数据映射即可。

2）瞬态边界的映射：在保证总传热量相同的情况下，首先需要将瞬态传热边界转成稳态传热边界［对于第三类传热边界可使用式（3-16）和式（3-17）］，然后通过空间插值算法完成数值映射。

CFD耦合面网格和FEA耦合面网格根据网格节点间的空间位置对应关系可分为一致网格和非匹配网格。CFD计算的网格密度往往大于FEA的网格密度，所以，流固耦合计算时多为非匹配网格。图3-34所示为流固耦合传热界面上的节点对应关系。

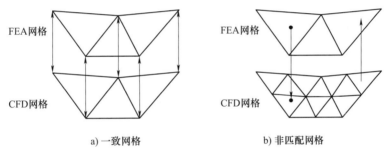

a) 一致网格　　　　　　　　　　b) 非匹配网格

图3-34　流固耦合传热界面上的节点对应关系

在进行流固耦合计算时，两者耦合面之间数据的传递是通过插值算法实现的，可利用专门的商业耦合软件（如MPCCI）完成。此外CFD软件中也有用于流固耦合数据映射的模块，如Fluent的FSI mapping。常用的空间插值算法有空间最近邻插值、空间分段线性插值、空间三次样条插值、反距离加权插值算法、径向基函数插值算法等。其中，类似于第1章中interp1d插值函数可以实现一维空间的最近邻插值、分段线性插值或三次样条插值，而interp3函数可实现三维空间的最近邻插值、分段线性插值或三次样条插值。径向基函数插值算法可通过Python中的scipy. interpolate. rbf函数实现。反距离加权插值算法为

$$\chi_{\mathrm{p}} = \frac{\sum\limits_{i=1}^{n}(d_i^{-u}\chi_i)}{\sum\limits_{i=1}^{n}d_i^{-u}}$$

式中，χ_{p}为投影点的函数值；χ_i为第i个采样点的函数值；d_i为第i个采样点到插值点的距离；d_i^{-u}为距离衰减函数；u为权指数，取值为2时的效果较好。

4. 温度场分析与评价

对于缸套温度场，对应上止点活塞第一环位置的缸套内表面温度应控制在一定温度以

下，以避免润滑油结焦，可参考对第一活塞环槽的温度要求，铸造铝合金活塞温度≤260℃，锻钢活塞温度≤220℃。气缸内壁温度应不低于废气的露点温度（约65~75℃），以避免低温腐蚀、磨损。缸套内壁面周向温度应尽量均匀，最大周向温差范围为30~40℃；上、下部位的最大温度差范围为30~70℃，以减小气缸变形。一般铸铁气缸盖鼻梁区的温度应低于375℃，铝合金缸盖应低于235℃。气缸盖底部火力面与水腔壁面温差不应高于250℃，以避免气缸盖底面因为热应力过大产生破坏。缸盖内冷却水套的壁面温度一般不应超过120℃，一定程度的泡核沸腾可以促进缸盖散热，但应避免出现严重的沸腾现象；缸套冷却水腔由于受活塞敲击可能产生穴蚀，因此缸套水腔壁面温度建议以达不到流动沸腾的温差和不产生沸腾气泡为要求。某直列四缸机的机体温度场结果如图3-35所示。

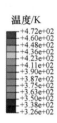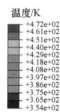

图3-35　某直列四缸机的机体温度场结果

扫码查看彩图

5. 优化机体组传热的措施

（1）优化气缸盖传热的措施

1）中小型高速机气缸盖多采用钻孔、导流板或铸管等对气门座鼻梁区、喷油器或燃烧室喷水冷却。

2）大功率内燃机气缸盖多用双层水腔结构，先冷却底面，再环流冷却喷油器周围进入上层水腔，底层水腔可针对鼻梁区和排气门座设计流道形状，用于强化冷却，可有效地降低气缸盖的热负荷。

3）注意气缸盖冷却水孔的布置、水流动方式和进出水孔尺寸的合理选择，详见第5章。

4）强度允许情况下，适当减薄缸盖底板，以降低温差。

（2）优化气缸套（或气缸）传热的措施

1）通过冷却水腔设计，加强气缸套（或气缸）上部的冷却。

2）在缸套（或气缸）上部增加隔热材料，以减少燃气对气缸上部的加热。

3）强化活塞喷油冷却，降低活塞对缸套（或气缸）的加热。

4）优化水腔设计，提升缸套（或气缸）周向温度均匀性。

5）缸套（或气缸）下部可不设置冷却水腔，以提升缸套（或气缸）下部温度，降低沿气缸轴线方向的温差。

3.4.3　缸盖-缸套-机体应力和疲劳计算

1. 危险位置

（1）气缸盖　气缸盖常见破坏位置有气缸盖底板、进排气门和喷嘴交接处孔口部位，还容易出现气缸盖内冷却面裂纹、排气道壁面裂纹、两个气道交汇处裂纹、气门座裂纹等，其中气缸盖底面、冷却面、排气道面的裂纹，与气缸盖热负荷和水腔沸腾等因素密切相关。

（2）气缸套 气缸套常见损坏形式为凸肩断裂、缸套穴蚀和拉缸等。

（3）机体 机体产生的损坏部位主要是承受载荷较大部位和因形状突变引起应力集中的部位，如：缸套和机体连接肩胛位置裂纹、主轴承盖裂纹、上曲轴箱与下曲轴箱连接的支撑脚裂纹、两缸间夹边上裂纹、水腔壁面裂纹、气缸与气门推杆孔间裂纹、两气门推杆孔间裂纹、机体侧面裂纹、水腔穴蚀、发动机附件的安装位置裂纹等。

2. 网格模型

在进行缸盖-缸套-机体应力计算时，应力计算网格常和温度场计算网格使用相同网格（图 3-31），需要注意，应将网格单元类型从温度场计算类型转换为应力计算类型，应力计算常使用二阶单元进行计算。定义接触对时，与温度场计算定义接触传热系数不同，应力和变形计算接触需要定义摩擦系数。

3. 研究工况和边界条件

（1）研究工况 内燃机运行时，工况剧烈变化。对其结构进行有限元分析时，往往会将其转化为静力学模型进行计算，这时要选择几个典型或最危险的工况来进行分析。在危险工况下，结构一般都会产生最大的应力与变形。

通常研究缸盖-缸套-机体应力所选择的计算工况包括：

1）冷态装配工况 LC1（螺栓预紧力+装配过盈力）。

2）冷态最大爆发压力工况 LC2（螺栓预紧力+装配过盈力+最大爆发压力）。

3）热态装配工况 LC3（螺栓预紧力+装配过盈力+热载荷）。

4）热态最大爆发压力工况 LC4（螺栓预紧力+装配过盈力+热载荷+最大爆发压力）。

（2）位移约束 对于完整机体组网格，在发动机悬置或者地脚螺栓连接位置施加三个平动方向的位移约束。例如图 3-31 中，机体组网格模型由缸盖、缸套、气缸体和上曲轴箱组成，自由端气缸、飞轮端气缸和中间一个气缸组合成三个气缸的网格模型，可将模型底部平面（即上曲轴箱底面）节点建立节点集，施加三个平动方向的位移约束，以实现对整个模型的位置固定；当计算网格模型仅取多缸机中间的单个气缸时，则在该气缸与相邻气缸的剖面上施加对称边界，对上曲轴箱底面节点施加三个平动方向的位移约束，以实现对整个模型的位置固定。

（3）热载荷边界 热机耦合应力分布计算热载荷的施加是先通过计算缸盖-缸套-机体温度场，然后再将温度场作为热应力计算的边界条件进行热应力计算。

（4）机械载荷边界

1）施加装配过盈量，如在气门座圈与缸盖之间施加过盈量。

2）施加螺栓预紧力，包括缸盖螺栓和主轴承盖螺栓等。

3）在气缸盖火力面施加最大爆发压力；在气缸套内表面按照最大爆发压力时刻确定施加压力的网格区域，然后施加最大爆发压力。

4. 缸盖-缸套-机体应力和疲劳强度

对于某特定发动机工况（如额定工况、最大转矩工况和超负荷工况等单一发动机工况）的活塞高周疲劳计算，缸盖-缸套-机体模型的疲劳安全系数计算应选择热态装配工况 LC3 为低载荷，热态最大爆发压力工况 LC4 为高载荷，通过高低工况对缸盖-缸套-机体进行热机耦合疲劳安全系数计算。缸盖-缸套-机体疲劳计算常基于 *S-N* 曲线和疲劳极限线图（如 Haigh 图等），计算时需要考虑的因素有应力梯度、平均应力、平均应力修正、疲劳极限线图修正、表面粗糙度和存活率等因素。与活塞低周疲劳类似，缸盖低周热疲劳寿命预测理论可基于 Sehitoglu 理论，认为热机载荷作用下构件的总损伤等于疲劳损伤、氧化损伤及蠕变损伤之和。这里不展开讲述，作为课后思考题进行文献综述研究。

例 3-4 某天然气/柴油双燃料发动机缸盖材料为 QT400-15，抗拉强度为 400MPa，屈服强度为 250MPa，图 3-36 所示为缸盖底面切开显示的云图，分别为缸盖最大主应力和疲劳安全系数结果。请根据图中计算结果开展该气缸盖的静强度和高周疲劳强度评价。

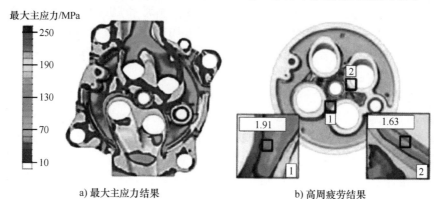

a) 最大主应力结果　　　　　　b) 高周疲劳结果

图 3-36　某天然气/柴油双燃料发动机缸盖拉应力和高周疲劳结果[23]

扫码查看彩图

解　1）静强度评价。对于脆性材料可根据第一或第二强度理论（如灰铸铁）进行评价，对于塑性材料可根据第三或第四强度理论进行评价。第一强度理论即最大拉应力理论，其许用应力对应材料抗拉强度，图 3-36a 中最大主应力正值为拉应力，可见拉应力明显小于材料抗拉强度 400MPa，符合要求。可增加基于第四强度理论的静强度分析，使用第四强度理论通过畸变能考虑屈服时，其应力应使用 Von Mises 应力，对应许用应力为屈服强度 250MPa。

2）疲劳强度评价。高周疲劳安全系数最小值为 1.63，出现在鼻梁区水腔过渡圆角位置，最小安全系数大于 1.25，符合要求。

5. 提高缸盖-缸套-机体强度的措施

由于气缸盖和气缸套热负荷较大，因此提高机体组的强度首先要考虑优化热负荷（见上文中"优化机体组传热的措施"）。此外，提高缸盖-缸套-机体强度的措施还有：

1）适当增加壁厚尺寸，如通过增加壁厚避免冷却水套过薄引起强度不够，需注意冷却水套不宜太厚，易造成散热能力下降，车用发动机水套厚度应在 4~10mm。

2）壁厚应均匀，避免壁厚过渡不够圆滑引起应力集中。

3）适当增加过渡圆角尺寸，如缸盖底面与其上部的结构过渡位置应避免直角过渡，可使用尺寸合适的圆角过渡，以避免应力集中。

4）优化缸套和机体连接肩胛部位的形状设计。

5）避免机体或缸套水腔的穴蚀。

6）在受力处增加加强肋，且加强肋不应太粗，而应以数目保证刚度和强度，其他非承力位置可采用适当的薄壳形式。

7）清砂彻底，避免在水腔内出现局部热点导致热裂。

8）制造时避免出现气孔、砂眼等材料缺陷。

6. 提高缸盖-缸套-机体刚度的措施

在螺栓作用下，气缸盖、缸垫和机体间压力要足够大且分布要均匀，保证气缸盖与气缸体间密封良好。

1）将气缸体与上曲轴箱铸造成一个整体。

2）将多缸机的多个下主轴承盖铸造成整体式主轴承座。

3）机体顶面使用较大厚度，以保证顶面刚度，避免燃烧室漏气，上曲轴箱底面使用较大厚度，并保证与油底壳密封。

4）加大气缸盖高度可以增加刚度。需注意，缸盖高度大会导致发动机总高度增加、重量增大。

5）避免缸套内侧承受螺栓预紧力，防止缸套变形。

6）在受力处增加加强肋，加强肋不应太粗，应以数目保证刚度和强度。

7）可采用全支承曲轴。

习　　题

3-1　直列四冲程四缸机（发火顺序 1—3—4—2），求各阶简谐力矩的相位差，并绘制相位图。

3-2　请说明曲轴发生疲劳破坏的常见位置，并给出提高曲轴疲劳强度的方法。

3-3　简述连杆疲劳仿真计算的方法。

3-4　试探讨书中提到的活塞温度场传热边界与真实传热环境的差别。

3-5　请说明活塞发生疲劳破坏的常见位置，并给出提高活塞疲劳强度的方法。

3-6　请说明缸盖和缸套温度评价方法，并给出优化缸盖和缸套温度的方法。

3-7　综述活塞和缸盖低周工况的仿真计算方法。

3-8　综述主轴承壁疲劳计算的方法。

3-9　使用 Python 编程完成流体侧传热数据到固体结构侧壁面的空间数据映射。

3-10　请说明机体组发生疲劳破坏的常见位置，并给出提高机体组疲劳强度的方法。

3-11　简述提高机体组刚度的方法。

参 考 文 献

［1］袁兆成．内燃机设计［M］．3 版．北京：机械工业出版社，2019.

［2］舒歌群，高文志，刘月辉．动力机械振动与噪声［M］．天津：天津大学出版社．2008.

［3］刘晓日，王慧辉，胡玉平，等．直列六缸柴油机的曲轴轴系扭振分析［J］．内燃机与动力装置，2011（5）：40-43.

［4］中国机械工业联合会．曲轴轴系扭转振动的测量与评定方法：GB/T 15371—2008［S］．北京：中国标准出版社，2008.

［5］中国船级社．钢质海船入级规范［EB/OL］．（2022-07-18）［2022-7-20］．https：// max. book118. com/ html/2022/0714/7122035144004142. shtm.

［6］刘晓日．基于流固耦合传热的内燃机润滑摩擦特性研究［D］．济南：山东大学，2015.

［7］LIU N，LI G X，LANG S G，et al. Fatigue strength analysis of internal combustion engine crankshaft based on dynamic simulation［J］. Advanced Materials Research，2012，442：281-285.

［8］ 白峰．基于有限元的连杆强度分析［D］．天津：河北工业大学，2015.

［9］ TIWARI A, TIWARI J K, CHANDRAKAR S K. Fatigue analysis of connecting rod using finite element analysis to explore weight and cost reduction opportunities for a production of forged steel connecting rod［J］. International Journal of Advanced Mechanical Engineering，2014，4（7）：782-802.

［10］ ALAM M T, THAKUR A, KUMAR P V, et al. Fatigue failure analysis of diesel engine connecting rod［EB/OL］．（2018-7-9）［2022-7-20］．https：//www.researchgate.net/publication/326300864_Fatigue_Failure_Analysis_of_Diesel_Engine_Connecting_Rod.

［11］ 中国工业机械联合会．内燃机 铝活塞 技术条件：GB/T 1148—2010［S］．北京：中国标准出版社，2008.

［12］ 张翼，苏铁熊．内燃机设计［M］．北京：北京航空航天大学出版社，2016.

［13］ 吴义民，赵旭东，刘小斌．重型车用柴油机活塞冷却油腔研究［J］．柴油机，2009，31（6）：31-33；37.

［14］ 李玉杰．缸套温度规律对活塞组摩擦润滑的影响［D］．天津：河北工业大学，2021.

［15］ 李全．高强化船用柴油机活塞多物理场耦合分析研究与应用［D］．北京：中国舰船研究院，2016.

［16］ 许春光，王根全，景国玺，等．基于柴油机考核工况的活塞高周疲劳寿命预测［J］．车用发动机，2017（5）：44-50.

［17］ 苗伟驰．活塞结构强度有限元分析［D］．济南：山东大学，2012.

［18］ 许春光，王根全，文洋，等．基于 FEMFAT 的柴油机活塞低周热疲劳寿命预测［J］．内燃机，2017（2）：55-57；62.

［19］ 刘国庆，舒歌群，张志福，等．考虑沸腾换热的内燃机流固耦合传热分析［J］．内燃机学报，2011，29（6）：543-548.

［20］ 张盼盼．柴油机缸套耦合传热的仿真研究［D］．天津：河北工业大学，2016.

［21］ 刘永．冷却水腔内沸腾传热与缸盖工作状态仿真［D］．济南：山东大学，2007.

［22］ 俞小莉，郑飞，严兆大．内燃机气缸体内表面稳态传热边界条件的研究［J］．内燃机学报，1987（4）：324-332.

［23］ 董威，赵建平，苏展望，等．某双燃料发动机的缸盖 CAE 分析与研究［J］．内燃机与配件，2019（12）：48-52.

第4章

配气机构仿真与设计

本章将主要介绍平底挺柱运动规律、凸轮型线设计、配气机构运动学评价、配气机构动力学计算和评价、以及配气机构对发动机性能的影响。其中，应重点掌握凸轮型线设计、配气机构运动学和动力学评价。

4.1 引言

配气机构的作用是根据发动机的工作情况，定时开启进、排气门和及时关闭进、排气门，合理的配气机构能够使新鲜空气或混合气尽可能充分地进入气缸，同时使燃烧后的废气能够充分地排出缸外。配气机构工作的平稳性和准确性很大程度上影响了发动机的燃烧排放、噪声及振动，因此配气机构是影响发动机性能的重要机构之一。

配气机构根据驱动凸轮轴的位置分为侧置凸轮轴式[1]和顶置凸轮轴式[2]配气机构。侧置凸轮轴式配气机构的凸轮轴布置在机体侧面，位置较低的为下置凸轮轴（图4-1a），位置较高的为中置凸轮轴。侧置凸轮轴式配气机构主要结构包括凸轮轴、挺柱、推杆、摇臂、气门弹簧和气门等。顶置凸轮轴式配气机构的凸轮轴位于发动机顶部，使用摇臂驱动时，顶置凸轮轴式配气机构由凸轮轴、摇臂、气门和气门弹簧等组成，直接驱动时则无摇臂（图4-1b）。

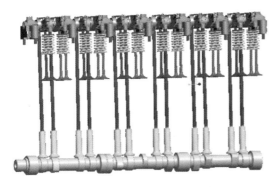

a) 侧置凸轮轴式

b) 顶置凸轮轴式

图4-1　配气机构结构图

配气机构设计准则:

1) 有准确的配气相位。

2) 保证进气充分,排气彻底,换气损失小。

3) 使发动机具有良好的动力性和经济性。

4) 具有良好的工作平稳性,避免落座冲击大、反跳和飞脱现象,振动噪声小。

5) 使凸轮-挺柱最大接触应力尽量小。

6) 润滑良好。

7) 气门与活塞不能相碰。

4.2　配气机构运动学与凸轮型线

平底挺柱是内燃机中常见的一种挺柱形式,而且采用靠模方法进行凸轮加工时,一般都需要平底挺柱的运动规律,不是平底顶柱的也要换算成平底挺柱的运动规律,因此本节重点研究平底挺柱的运动规律。

4.2.1　平底挺柱运动规律

平底挺柱机构示意图如图 4-2 所示,接触点沿凸轮表面移动示意图如图 4-3 所示。

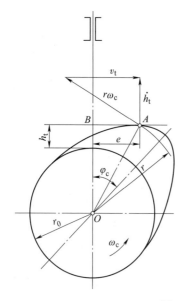

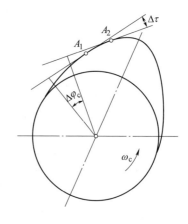

图 4-2　平底挺柱机构示意图[3]　　　　图 4-3　接触点沿凸轮表面移动示意图[3]

平底挺柱运动规律指挺柱升程 h_t(单位 mm)、物理速度 $\dot{h}_t = \dfrac{dh_t}{dt}$(单位 mm/s)和加速度 $\ddot{h}_t = \dfrac{d^2 h_t}{dt^2}$(单位 mm/s^2)随时间的变化规律。引入几何速度 $h'_t = \dfrac{dh_t}{d\varphi_c}$(单位 mm/rad),则物理速度 $\dot{h}_t$ 与几何速度 h'_t 的关系为

$$\dot{h}_{\mathrm{t}} = \frac{\mathrm{d}h_{\mathrm{t}}}{\mathrm{d}t} = \frac{\mathrm{d}h_{\mathrm{t}}}{\mathrm{d}\varphi_{\mathrm{c}}}\frac{\mathrm{d}\varphi_{\mathrm{c}}}{\mathrm{d}t} = h_{\mathrm{t}}'\omega_{\mathrm{c}}$$

式中，φ_{c} 为凸轮轴转角；ω_{c} 为凸轮轴角速度。

由速度三角形与 $\triangle ABO$ 相似，可得 $\dot{h}_{\mathrm{t}} = e\omega_{\mathrm{c}}$，因此可得

$$e = h_{\mathrm{t}}' \tag{4-1}$$

即挺柱与凸轮接触点的偏移量 e 等于挺柱的几何速度。

接触点 A 沿挺柱底面的水平运动速度为 v_{it}，沿凸轮轴表面弧线的运动速度为 v_{ic}，有

$$v_{\mathrm{it}} = \frac{\mathrm{d}e}{\mathrm{d}t} = \frac{\mathrm{d}h_{\mathrm{t}}'}{\mathrm{d}t} = \frac{\mathrm{d}h_{\mathrm{t}}'}{\mathrm{d}\varphi_{\mathrm{c}}}\frac{\mathrm{d}\varphi_{\mathrm{c}}}{\mathrm{d}t} = h_{\mathrm{t}}''\omega_{\mathrm{c}}$$

$$v_{\mathrm{ic}} = \frac{\mathrm{d}\widehat{A_1 A_2}}{\mathrm{d}t} = \frac{\mathrm{d}l_{\mathrm{c}}}{\mathrm{d}t} = \frac{\mathrm{d}l_{\mathrm{c}}}{\mathrm{d}\varphi_{\mathrm{c}}}\frac{\mathrm{d}\varphi_{\mathrm{c}}}{\mathrm{d}t} = \rho\omega_{\mathrm{c}}$$

式中，ρ 为曲率半径；h_{t}'' 为几何加速度；l_{c} 为 $\widehat{A_1 A_2}$ 的弧长。

则挺柱相对凸轮表面的滑动速度 v_{t} 为

$$v_{\mathrm{t}} = v_{\mathrm{ic}} - v_{\mathrm{it}} = \rho\omega_{\mathrm{c}} - h_{\mathrm{t}}''\omega_{\mathrm{c}} = (r_0 + h_{\mathrm{t}})\omega_{\mathrm{c}}$$

凸轮的曲率半径 ρ 为

$$\rho = r_0 + h_{\mathrm{t}} + h_{\mathrm{t}}'' \tag{4-2}$$

通常，最小曲率半径应大于 3mm，以保证接触应力较小。

配气机构中使用摇臂驱动气门时，气门升程 h_{v} 可通过挺柱升程计算：

$$h_{\mathrm{v}} = ih_{\mathrm{t}} \tag{4-3}$$

式中，i 为摇臂比，等于气门端的摇臂长度与凸轮端摇臂长度之比。

4.2.2 凸轮型线

凸轮型线是凸轮外形的一种数学表达，一般用从动件的运动规律（如挺柱升程、速度和加速度）表示。凸轮型线设计包括缓冲段设计和工作段设计，具体如下。

1. 缓冲段设计

（1）设计原因　设计缓冲段是非常必要的，这是由于配气机构存在以下工作特点：

1）气门间隙的存在，导致在实际工作中气门开启时刻与挺柱动作时刻不同步，且在发动机运转过程中，由于零件存在热变形及零件间的磨损，气门间隙会发生变化，所以需要有缓冲段的存在，以保证气门开启和落座时速度较小。

2）由于存在弹簧预紧力，使得配气机构在装配后就存在弹性变形，在弹性变形力大于气门弹簧预紧力后气门才能开启。

3）由于缸内燃气存在一定压力，气缸压力与弹簧预紧力都会阻碍气门开启，使气门不能及时开启，尤其是排气门打开时，燃烧室内刚完成燃烧，燃气压力很大。

综上所述，发动机在实际工作过程中气门开启时刻比理论晚，如果没有缓冲段，在短时间内气门初速度就从零变得很大，会产生较高的加速度和冲击力；气门落座时，速度很大会对气门座产生冲击，使振动、噪声和磨损加剧。在凸轮工作段前后增加缓冲段，是为了补偿气门间隙、气门弹簧预紧力和气缸压力造成的弹性变形，从而保证气门开启和落座时具有很小的速度。

（2）关键参数　缓冲段的关键参数包括缓冲段高度、速度和包角，参考值范围如下：

1）一般缓冲段高度的范围为 $h_0 = 0.15 \sim 0.3\text{mm}$。

进气门开：
$$h_0 > \frac{L_0 + \dfrac{F_0}{C_0}}{i}$$

进气门关：
$$h_0 > \frac{L_0 + \dfrac{F_0}{C_0} + \Delta H_\tau}{i}$$

排气门开：
$$h_0 > \frac{L_0 + \dfrac{F_0}{C_0} + \dfrac{F_g}{C_0}}{i}$$

排气门关：
$$h_0 > \frac{L_0 + \dfrac{F_0}{C_0} + \Delta H_\tau}{i}$$

式中，C_0 为机构刚度；F_0/C_0 为预紧力引起的弹性变形；F_g/C_0 为气压力引起的弹性变形；i 为摇臂比；ΔH_τ 为少数发动机考虑气门与气门导管的间隙引起气门倾倒而使气门提前落座的量。

2）缓冲段速度 v_0。对于轿车发动机，一般 $v_0 = 0.006 \sim 0.02\text{mm}/(°)$，气门开启侧取较大值，气门关闭侧取较小值；对于重载汽车发动机，v_0 允许达到 $0.025\text{mm}/(°)$。气门落座速度根据气门座材料不同允许最大限制也不同：

铸铁气门座落座速度最大值取值范围为 $0.2 \sim 0.4\text{m/s}$。

钢气门座落座速度最大值取值范围为 $0.5 \sim 0.6\text{m/s}$。

钢气门座（加焊司太立合金）落座速度最大值取值范围为 $0.7 \sim 0.8\text{m/s}$。

3）缓冲段包角 $\phi_0 = 15° \sim 40°$。

（3）类型　缓冲段的类型有等加速-等速型和余弦型等。

1）等加速-等速型缓冲段（图 4-4）。等加速度段挺柱升程为
$$h_t = c\varphi_c^2 \qquad (0 \leqslant \varphi_c \leqslant \phi_{01}) \tag{4-4}$$
式中，c 为二次项系数，由边界条件确定；ϕ_{01} 为等加速段包角。

等速段挺柱升程为
$$h_t = v_0(\varphi_c - \phi_{01}) + h_{01} \qquad (\phi_{01} \leqslant \varphi_c \leqslant \phi_0) \tag{4-5}$$
式中，h_{01} 为等加速段结束、等速度段开始处的挺柱位移。

等加速-等速型缓冲曲线的特点：与工作段衔接的等加速段加速度为 0，因而冲击和噪声较小。即使气门间隙、配气机构刚度等有偏差，与工作段衔接的挺柱加速度也会是 0，速度 v_0 也会是一个固定的小值，对变化的工作环境具有较好的适应性。由于气门间隙发生变化或配气机构刚度、凸轮制造尺寸有差异而引起的气门开启和落座点的变化较小，因而对配气正时的影响也不大。

2）余弦型缓冲段（图 4-5）。挺柱升程为
$$h_t = h_0\left[1 - \cos\left(\frac{\pi}{2\phi_0}\varphi_c\right)\right] \qquad (0 \leqslant \varphi_c \leqslant \phi_0) \tag{4-6}$$

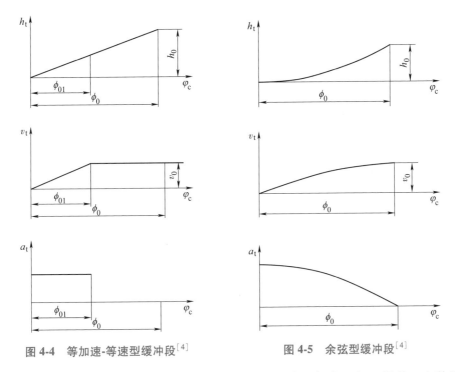

图 4-4　等加速-等速型缓冲段[4]　　　图 4-5　余弦型缓冲段[4]

余弦型缓冲段，加速度和速度都没有突变，工作平稳。但由于加工误差、安装误差、配气机构刚度的不同和气门间隙的变化，其速度和加速度也随之发生变化，加速度不能保证为0，会对气门产生一定冲击。

2. 工作段设计

高次方多项式配气凸轮工作段函数得到的升程具有多阶导数且连续，气门升程变化曲线比较光滑，能够适应多种类型的配气机构，是一种使用比较广泛的凸轮工作段凸轮型线。所有的函数凸轮型线设计都是先设计型线的一半，即先设计上升段，然后再设计下降段，或者通过对称得到下降段。高次方多项式凸轮一般从挺柱最大升程处即凸轮桃尖处开始设计，工作段根据高次方多项式计算挺柱升程，常使用六项式或七项式。

六项式：　　$h_t = (h_{max} - h_0)(1 + C_2 x^2 + C_p x^p + C_q x^q + C_r x^r + C_s x^s)$

七项式：$h_t = (h_{max} - h_0)(1 + C_2 x^2 + C_4 x^4 + C_p x^p + C_q x^q + C_r x^r + C_s x^s)$

$$x = 1 - \frac{\varphi_c - \phi_0}{\varphi_B} \tag{4-7}$$

式中，h_{max} 为挺柱的最大升程；h_0 为缓冲段高度；φ_c 为凸轮角度；ϕ_0 为凸轮缓冲段包角；φ_B 为凸轮工作段半包角；C_2、C_4、C_p、C_q、C_r、C_s 为常数；p、q、r、s 为偶数幂指数。常数 $C_4 < 1$，一般取 0.1~0.4，主要影响减速区开始点位置，可用于改进弹簧裕度和接触应力。偶数幂指数 $p < q < r < s$，一般取 8~60，指数越大，则加速峰值越高、越短，最大跃度（加速度导数）也越大。

高次方多项式凸轮型线的特点是：负加速度小；正向惯性力小、不易飞脱，凸轮桃尖处的接触应力小；加速度曲线连续，冲击小，有利于向高速发展；方程形式简单；可用于非对称凸轮设计；负加速度曲线平缓，与气门弹簧的适应性不太好；正加速度值大[3]。

配气机构中使用摇臂驱动气门时，气门升程可通过挺柱升程计算，见式（4-3）。某 1.5L GDI 发动机气门运动规律如图 4-6 所示。

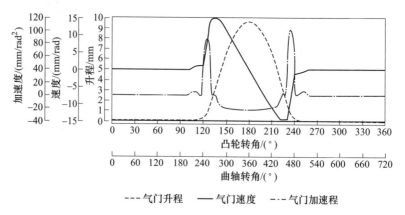

图 4-6 某 1.5L GDI 发动机气门运动规律[2]

4.2.3 配气机构运动学评价

部分常用的配气机构运动学评价指标参数如下[2]：

1）凸轮型线丰满系数 ψ_{Fm}，其计算公式为

$$\psi_{Fm} = \frac{\int_0^{\varphi_B}(h_t - h_0)\,\mathrm{d}\varphi_c}{(h_{max} - h_0)\varphi_B} \tag{4-8}$$

式中，h_{max} 为挺柱或气门的最大升程；h_0 为缓冲段高度；φ_c 为凸轮角度；φ_B 为凸轮工作段半包角。

理论上，由于缓冲段仅在气门开始和落座时起到缓冲作用，在计算凸轮型线丰满系数时，不考虑缓冲段，一般要求 $\psi_{Fm} > 0.5$。

2）K 系数。K 系数的计算公式为

$$K = \frac{\theta_+ f_v}{6n_c} \tag{4-9}$$

式中，θ_+ 为正加速度脉冲宽度；f_v 为配气机构固有频率；n_c 为凸轮轴转速。

不同类型的凸轮型线对 K 系数的要求不同，其中，对于高次方多项式凸轮型线，一般 $K > 1.5$ 则认为配气机构运行平稳，不至于强烈振动。

3）凸轮与挺柱的最大接触应力。根据 Hertz 接触理论，凸轮与挺柱的最大接触应力 σ_{max} 的计算公式为

$$\sigma_{max} = 0.418\sqrt{\frac{F_N E}{w}\left(\frac{1}{R_F} + \frac{1}{R}\right)} \tag{4-10}$$

式中，F_N 为接触法向力；E 为材料弹性模量；w 为接触宽度；R_F 为从动件半径；R 为凸轮几何曲率半径。

常规钢-钢接触的最大接触应力范围一般为：

平面挺柱：$600 \sim 800 N/mm^2$；

滚子挺柱：$1300 \sim 1500 \mathrm{N/mm^2}$。

4）弹簧裕度 Y_s，其计算公式为

$$Y_s = \frac{F_{sp}}{F_{vi}} \tag{4-11}$$

式中，F_{sp} 为气门弹簧预紧力；F_{vi} 为凸轮减速段气门的负加速度惯性力。

4.3　配气机构动力学

4.3.1　气门实际升程与理论升程

上述运动学和凸轮型线计算中均假设配气机构零部件为刚体，不存在弹性变形。而实际上，零件多、刚度不足是配气机构的特点，因此配气机构真实工作时是一个弹性系统。工作时，弹性变形会使位于运动链末端气门的运动产生畸变，使气门的升程、速度和加速度运动规律"失真"，结果造成气门的运动有时迟后于挺柱，有时则是超前于挺柱的不规则运动。这就导致实际气门运动规律与理论情况有一定差别，严重时会造成气门飞脱、气门反跳、噪声和破坏加剧。

图 4-7 所示为实际气门升程与理论气门升程偏差。当凸轮轴高速转动时，在凸轮的加速度区段 AB 内，气门传动链中会积蓄起一定的弹性变形能，这一段中，实际气门升程小于理论气门升程。在 BC 段内，当凸轮从正加速度区段转到负加速度区段时，由于已积蓄的变形能被释放出来，使气门以较高的速度打开，往往会造成气门飞脱，这一段中，气门实际升程大于理论升程，气门脱离凸轮的控制，传动链出现脱节现象。此后，这一现象可能重复出现，在 B、C、D、E 等点均会产生冲击和噪声。而在 F 点气门落座后重新弹起，这一现象称为气门反跳，气门反跳现象在落座时也可能出现多次。

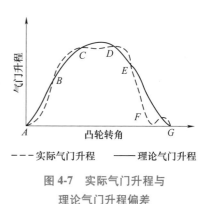

图 4-7　实际气门升程与
理论气门升程偏差

4.3.2　配气机构动力学计算模型

配气机构动力学计算应考虑零部件的弹性变形，以解决运动学计算假设部件为刚体而不能研究气门飞脱和反跳等危险状况。配气机构的动力学计算模型分为单质量模型、多质量模型和基于子结构模态缩减的多体动力学模型等。单质量模型只能反映气门的运动情况，不能反映配气机构的弹性变形和机构的振动，无法满足大部分的配气机构动力学分析需求；而由于基于子结构模态缩减的多体动力学模型计算量和难度与多质量模型相比过大，因此常采用多质量动力学模型。

多质量模型能够模拟配气机构在运动过程中构件间的接触情况、气门落座情况和弹簧的运动情况等。使用多质量模型时可对多缸内燃机完整的配气机构进行建模，当配气机构各阀系的结构参数一致时也可进行单阀系模型计算。

如某天然气发动机的单阀系计算模型如图 4-8 所示，该天然气发动机采用下置式凸轮轴配气机构，其机构主要包括凸轮、挺柱、推杆、摇臂、气门桥、进气门、排气门以及气门弹簧等。

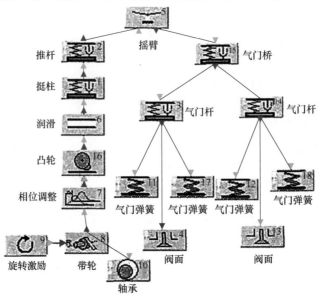

图 4-8 某天然气发动机的单阀系计算模型[5]

配气机构动力学计算需要输入的主要参数包括缸内燃气压力曲线、零部件结构参数、质量、刚度和阻尼等，其中：

1）缸内燃气压力曲线可通过试验测试或者发动机工作过程计算获得。

2）各零部件的质量可通过三维 CAD 软件或者称重获得。

3）刚度可通过理论公式计算获得，而为保证准确性，刚度常通过有限元计算获得。

在动力学仿真过程中，可将气门分成两个集中质量点，在气门一半长度处将气门分开，分别计算上部气门杆件和下部气门阀面的刚度。

（1）气门杆刚度的有限元计算 划分气门杆有限元网格，在气门杆的一端施加拉力 F_1（指定常数值），另一端设置为轴向固定，计算得到有限元位移量为 δ_1，则气门杆刚度常数 $c_1 = F_1/\delta_1$。进、排气门杆位移结果如图 4-9 所示。

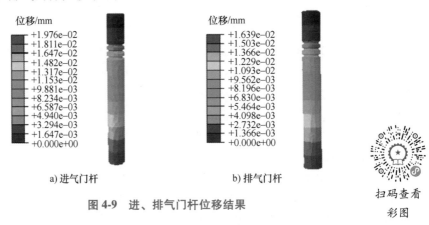

a）进气门杆　　　　　b）排气门杆

图 4-9 进、排气门杆位移结果

扫码查看
彩图

（2）气门阀面刚度的有限元计算 划分气门阀面有限元网格，将阀面与气门座圈接触的部分沿气门运动方向的自由度约束，在气门阀面上施加拉力 F_2（指定常数值），计算得到有限元位移量为 δ_2，则气门阀面刚度常数 $c_2 = F_2/\delta_2$。进、排气门阀面位移结果如图 4-10 所示。

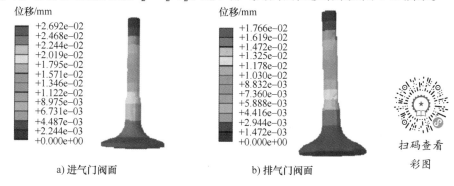

扫码查看

彩图

a）进气门阀面　　　　　　　b）排气门阀面

图 4-10　进、排气门阀面位移结果

（3）挺柱刚度的有限元计算　由于在配气机构的工作过程中，凸轮对挺柱推动力的作用位置会随着凸轮的旋转而变化，挺柱的弹性变形与作用力的位置有关，因此在有限元计算中，需要考虑推动力作用在挺柱上不同位置的影响。在有限元模型中，对挺柱施加的压力作用在凸轮与挺柱接触的一个很小的窄面上，其接触面与挺柱轴线之间具有不同的偏移量。可通过有限元计算得到载荷作用在不同偏移量下的挺柱变形量和挺柱刚度（表 4-1）。

表 4-1　某挺柱刚度

偏移量/mm	变形量/mm	刚度/(N·m)
0.0	2.863	4.89×10^8
0.5	2.865	4.88×10^8
1.0	2.873	4.87×10^8
1.5	2.884	4.85×10^8
2.0	2.895	4.84×10^8
2.5	2.909	4.81×10^8

（4）摇臂刚度计算　摇臂的刚度通过有限元模拟计算可得，对于单臂结构的摇臂，施加力的方式如图 4-11 所示，在摇臂轴处施加力为 F，凸轮侧施加全约束，气门侧施加接触方向的约束[1,6]。计算后可获得摇臂位移结果，如图 4-12 所示。将 F 除以计算所得变形量即为摇臂刚度。

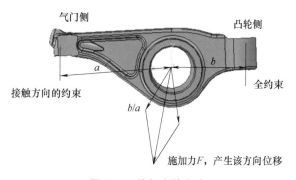

图 4-11　施加力的方式

（5）凸轮轴刚度计算　凸轮轴刚度 C_M 的计算公式为

$$C_M = \cfrac{1}{\cfrac{1}{C_{cam}} + \cfrac{1}{C_{bearing}}}$$

式中，C_{cam} 为凸轮轴弯曲刚度；C_{bearing} 为轴承座支撑刚度。

凸轮轴的弯曲刚度是将凸轮轴看作为一个简支梁，如图4-13所示，轴承座为支点，m_1、m_2 分别为进、排气凸轮的质量，则凸轮轴的弯曲刚度 C_{cam} 为

$$C_{\text{cam}} = \frac{3EIl}{a_1^2(l - a_1^2)^2}$$

式中，E 为凸轮轴的弹性模量；I 为抗弯截面模量；l 为凸轮轴的长度（mm）；a_1 为轴承座至凸轮的距离（mm）。

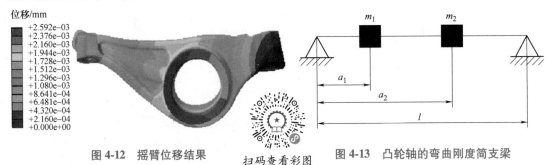

图4-12 摇臂位移结果

扫码查看彩图

图4-13 凸轮轴的弯曲刚度简支梁

（6）气门弹簧计算 气门弹簧的作用是保证气门能够平稳开启，同时在气门关闭时保证气门能与气门座紧密贴合，使构件随着凸轮的转动而工作，不发生从动件脱离。

线性弹簧刚度 C_{spr} 的计算公式为

$$C_{\text{spr}} = \frac{Gd^4}{8n_a D^3}$$

式中，G 为弹簧材料的剪切模量（N/mm²），钢为 80770N/mm²；D 为弹簧中径（mm）；d 为弹簧线径（mm）；n_a 为弹簧有效圈数。

4.3.3　配气机构动力学评价[7]

（1）飞脱 配气机构的凸轮与挺柱之间、气门/气门桥与摇臂之间需确保不发生飞脱现象，即凸轮与挺柱间接触应力、气门与摇臂间接触应力均不能有长时间等于0的情况。但在冲击力较小的前提下，允许超速时出现短时间的飞脱。

（2）反跳 气门落座时不能有反跳现象发生，即气门落座力不能过大或者有明显的气门二次开启现象，以确保换气过程的顺利进行，气门落座速度在额定转速时不应超过 0.6m/s。

（3）气门落座力 在气门运动过程中，需避免过度磨损和冲击振动，以保证配气机构的使用寿命，气门落座力应小于6倍的弹簧预紧力。某天然气发动机的排气门落座力如图4-14所示。

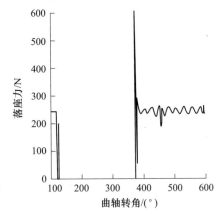

图4-14 某天然气发动机的
排气门落座力[5]

（4）弹簧并圈 弹簧并圈现象会加速弹簧丝的疲劳破坏。可将气门弹簧从上到下四等分，分析5个质点处的弹簧受力及升程曲线，确保无并圈现象。例如，图4-15所示为某柴油

机（1200r/min 工况下）进气门弹簧 5 个质点的升程曲线（图中第 5 个质点的升程恒为 0），随凸轮转角变化，5 个分段弹簧力曲线轨迹一致，无单独突出，表明气门弹簧并无并圈现象。

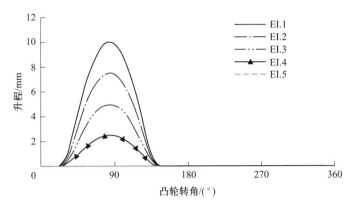

图 4-15　某柴油机进气门弹簧 5 个质点的升程曲线[7]

4.4　配气机构与发动机性能仿真

将设计的气门升程曲线作为发动机工作过程计算的输入，发动机工作过程模型包括整个发动机的进气系统、排气系统和气缸，图 4-16 所示为某六缸柴油机工作过程计算模型。其中，缸内工作过程的理论参见第 2 章。计算发动机功率、转矩、比油耗、充气效率、缸内压力和温度等结果，结合排放模型和后处理模型还可以获得发动机的排放结果。

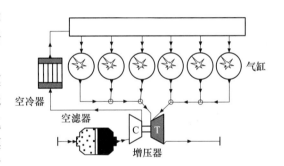

图 4-16　某六缸柴油机工作过程计算模型

图 4-17 所示为某天然气发动机配气机构优化后的性能结果。通过把配气机构从两气门改为四气门，转矩和功率有明显提升；在四气门基础上继续优化凸轮型线，转矩和功率得到

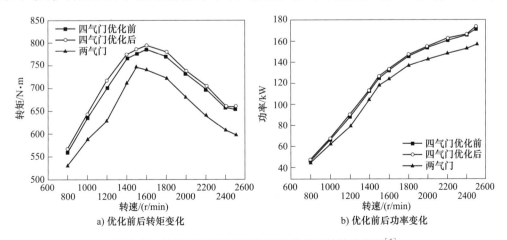

a) 优化前后转矩变化　　　　　　　　　　b) 优化前后功率变化

图 4-17　某天然气发动机配气机构优化后的性能结果[5]

进一步提升，在额定转速 2500r/min 下转矩和功率分别增加了 7.2N·m 和 2.1kW。

习　题

4-1　采用液压挺柱后，是否还需要缓冲段？

4-2　配气机构运动学评价参数有哪些？

4-3　配气机构动力学评价参数有哪些？

4-4　写出高次方多项式凸轮工作段型线的公式，并解释有哪些设计变量。

4-5　已知气门杆长度为 80mm，直径为 9mm，其材料 21-4N 钢的密度为 7900kg/m³，弹性模量为 2.1×10^{11} Pa，泊松比为 0.3。试用有限元计算气门刚度。

参 考 文 献

［1］张玲玲. 天然气发动机配气机构性能分析及优化［D］. 天津：河北工业大学，2015.

［2］苏圣，胡景彦，李慧军，等. 凸轮型线的优化设计及分析［J］. 拖拉机与农用运输车，2011，38（2）：79-82.

［3］袁兆成. 内燃机设计［M］. 3 版. 北京：机械工业出版社，2019.

［4］柴油机设计手册委员会. 柴油机设计手册：中册［M］. 北京：中国农业机械出版社，1984.

［5］郑清平，张玲玲，张盼盼，等. 天然气发动机配气凸轮型线的改进设计［J］. 河北工业大学学报，2015，44（5）：55-59.

［6］成晓北，焦镇雄. 关于配气机构摇臂刚度获取方法的研究［C/OL］.［2022-07-21］. https：//mall. cnki. net/magazine/Article/CPFD/HBKJ200906001029. htm.

［7］杨志甲，白书战，胡玉平，等. 某船舶用柴油机配气机构仿真分析［J］. 内燃机与动力装置，2015，32（2）：45-51.

第 5 章

内燃机润滑和冷却仿真与设计

本章将内燃机中涉及流体领域的润滑和冷却内容集中讲解。内燃机润滑仿真与设计部分讲解润滑基础理论，包括润滑状态、润滑油参数、润滑方程和有限差分法计算；讲解活塞环-缸套润滑仿真与设计，包括润滑模型、漏气模型、动力学模型和结果评价；讲解径向滑动轴承润滑仿真与设计，包括润滑模型、传热模型和结果评价。内燃机冷却仿真与设计部分讲解冷却水腔流动传热和活塞喷油冷却的仿真与设计，包括网格模型、流动传热数学模型、计算工况和边界条件以及结果评价。

5.1 内燃机润滑仿真与设计

润滑与内燃机的动力性、经济性、可靠性和耐久性均有密切关系，而其中耐久性的指标是从开始使用起到大修期的时间，一般取决于缸套和曲轴磨损到达极限尺寸的时间。汽车的常规保养主要是更换发动机润滑油，通常每半年或每 5000km 进行一次。内燃机与润滑油有关的故障类型见表 5-1。

表 5-1 内燃机与润滑油有关的故障[1]

故障类型		原　因
发动机停止工作	卡环、拉缸	粘环、油膜破坏、润滑油高温结焦、活塞沉积物多使活塞过热、润滑油被燃油稀释等
	烧瓦、抱轴	由于泡沫和油泥多导致供油中断；过滤失效使碎物进入轴瓦；润滑油被燃油稀释等
发动机性能下降	功率下降	活塞环密封性能下降；润滑油黏度太大造成阻力；二冲程发动机沉积物堵塞进排气口，使进排气不畅
	润滑油损耗大	活塞环设计不合理、温度过高、活塞环异常运动和磨损等原因使从活塞环组进入气缸的润滑油过多
其他	保养期短、大修期变短、冷起动困难、热起动困难、提前点火、油压不正常	燃烧室积炭多、油低温黏度过大、油高温黏度过小、油的抗磨损性能差、油的全面质量差、粘环、油孔堵塞、燃油稀释润滑油、漏油

5.1.1 润滑基础理论[2]

摩擦学的研究对国民经济具有重要意义，据估计，全世界有 1/3 ~ 1/2 的能源以各种形式消耗在摩擦上。磨损是机械设备失效的主要原因，大约 80% 的损坏零件是由于各种形式的磨损引起的。因此，学习和研究润滑对节能、节材和提升可靠性的绿色发展具有重要意义。

1. 润滑状态

润滑是减少摩擦阻力、降低材料磨损的重要手段。润滑的原理是在两摩擦表面之间形成一层润滑膜，该润滑膜具有法向承载能力，且剪切强度低，减小了两表面直接接触的概率，以此来减少摩擦、磨损的发生。根据润滑膜形成的原理和特征，润滑状态可以分为 6 种基本状态：流体动压润滑、流体静压润滑、弹性流体动压润滑、薄膜润滑、边界润滑和干摩擦。各种润滑状态的基本特征见表 5-2。

表 5-2 各种润滑状态的基本特征

润滑状态	典型膜厚	润滑膜形成方式	应　用
流体动压润滑	1 ~ 100μm	由摩擦表面的相对运动所产生的动压效应形成流体润滑膜	中高速下的面接触摩擦副，如滑动轴承
流体静压润滑	1 ~ 100μm	通过外部压力将流体送到摩擦表面之间，强制形成润滑膜	各种速度下的面接触摩擦副，如滑动轴承、导轨等
弹性流体动压润滑	0.1 ~ 1μm	由摩擦表面的相对运动所产生的动压效应形成流体润滑膜	中高速下点线接触摩擦副，如齿轮、滚动轴承等
薄膜润滑	10 ~ 100nm	由摩擦表面的相对运动所产生的动压效应形成流体润滑膜，同时受表面效应作用	低速下的点线接触高精度摩擦副，如精密滚动轴承等
边界润滑	1 ~ 50nm	润滑油分子与金属表面产生物理或化学作用而形成润滑膜	低速重载条件下的高精度摩擦副
干摩擦	1 ~ 10nm	表面氧化膜、气体吸附膜等	无润滑或自润滑的摩擦副

在对摩擦副摩擦润滑特性的分析研究中，需要对其润滑状态进行判断。摩擦副的润滑状态由其润滑油膜厚度和表面粗糙度共同决定，当润滑油膜厚度大于其粗糙峰的高度时，才能实现全膜流体润滑。但一般情况下，测量润滑油膜厚度较为困难，可用摩擦系数及 Stribeck 曲线来判断摩擦副的润滑状态，如图 5-1 所示。Stribeck 曲线体现了润滑状态和摩擦系数随无量纲轴承特性参数（$\eta v/w$）的变化规律。图 5-1 中三个润滑状态的特点如下：

1）流体动压润滑：当摩擦副的

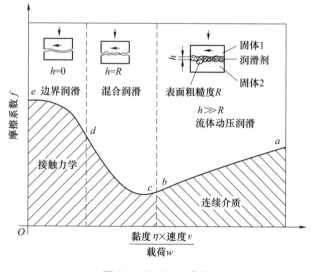

图 5-1　Stribeck 曲线

两个表面相对速度较高、润滑油黏度较大、载荷较轻时，由于油膜的动压效应，两个表面完全被润滑油膜分开，该区域为流体润滑状态。

2）边界润滑：当摩擦副的两个表面相对速度降低、润滑油黏度减小、载荷增大时，摩擦系数会急剧增大到 0.1 甚至更高，润滑油分子与金属表面产生物理化学作用而形成润滑膜，该区域为边界润滑状态。

3）混合润滑：混合润滑状态是边界润滑和流体润滑状态的过渡区域。边界润滑和流体润滑机理在混合润滑区域产生综合作用。

2. 润滑油参数

（1）润滑油的黏度　润滑油的黏度是润滑油分子间的相互作用力和动量综合作用的表现。当温度升高时，润滑油膨胀，分子间的距离扩大，分子作用力减小；分子的运动速度增大，分子动量增大，从而导致润滑油的黏度随温度的升高会剧烈下降。当润滑油所受压力增大，分子之间被迫接近，分子间距离减小，分子间作用力增大，从而导致润滑油的黏度增大。当矿物油所受压力超过 20MPa 时，黏度随压力变化会十分显著。对于重载弹性流体动压润滑，需要考虑润滑油的黏压特性。

1）黏度与温度的关系。较常用的黏度与温度的关系有黏温方程、ASTM 黏温图及实测润滑油的黏温曲线等。在润滑数值计算中，应用最广泛的是 Reynolds 黏温方程和 Vogel 黏温方程。

Reynolds 黏温方程：

$$\eta = \eta_0 e^{-\beta(T-T_0)} \tag{5-1}$$

Vogel 黏温方程：

$$\eta = \eta_0 e^{b/(T+\theta)} \tag{5-2}$$

式中，η 和 η_0 分别为温度 T 和参考温度 T_0 时的黏度；β 为 Reynolds 黏温方程的系数；b 和 θ 为 Vogel 黏温方程系数；Reynolds 黏温方程和 Vogel 黏温方程都表示了润滑油黏度随着温度上升而剧烈下降的关系。

2）黏度与压力的关系。

Barus 黏压方程：

$$\eta = \eta_0 e^{\alpha_B p} \tag{5-3}$$

Roelands 黏压方程：

$$\eta = \eta_0 e^{(\ln\eta_0 + 9.67)\left[-1+(1+p_0 p)^z\right]} \tag{5-4}$$

式中，p 为润滑油压力；η 和 η_0 分别为润滑油在压力 p 下和大气压下的黏度；α_B 为黏压系数，一般取 $2.2\times10^{-8}\text{m}^2/\text{N}$；$p_0$ 为压力系数，一般取 5.1×10^{-9}；z 为 Roeland 黏温方程系数，对于一般矿物油 z 通常可取 0.68。

3）黏温-黏压方程。将黏温方程和黏压方程相结合，可同时考虑黏温和黏压特性。

Vogel 黏温-Barus 黏压方程：

$$\eta = \eta_0 e^{\frac{b}{T+\theta}+\alpha_B p} \tag{5-5}$$

Roelands 黏温-黏压方程：

$$\eta = \eta_0 e^{(\ln\eta_0+9.67)\left[(1+p_0 p)^z \left(\frac{T-138}{T_0-138}\right)^{-1.1}-1\right]} \tag{5-6}$$

（2）润滑油的密度　当润滑油温度升高时，由于热膨胀会导致润滑油体积增大、密度

减小。当润滑油所受压力增大时，润滑油体积减小、密度增大。考虑润滑油密度 ρ 随温度和压力的变化则有

$$\rho = \rho_0 \left(1 + \frac{0.6 \times 10^{-9} p}{1 + 1.7 \times 10^{-9} p} \right) \left[1 - \alpha_T (T - T_0) \right] \tag{5-7}$$

当 $\eta < 3000 \text{mPa} \cdot \text{s}$ 时，有

$$\alpha_T = \left(10 - \frac{9}{5} \lg \eta \right) \times 10^{-4}$$

当 $\eta > 3000 \text{mPa} \cdot \text{s}$ 时，有

$$\alpha_T = \left(5 - \frac{3}{8} \lg \eta \right) \times 10^{-4}$$

式中，ρ_0 为润滑油温度为 T_0 时的密度；α_T 为润滑油热膨胀系数（K^{-1}）；p 为润滑油压力（Pa）；η 为润滑油黏度（$\text{mPa} \cdot \text{s}$）。

3. 雷诺方程

一般形式的雷诺方程如下：

$$\frac{\partial}{\partial x}\left(\frac{\rho h^3}{\eta} \frac{\partial p}{\partial x} \right) + \frac{\partial}{\partial y}\left(\frac{\rho h^3}{\eta} \frac{\partial p}{\partial y} \right) = 6 \left[\frac{\partial}{\partial x}(U\rho h) + \frac{\partial}{\partial y}(V\rho h) + 2 \frac{\partial \rho h}{\partial t} \right] \tag{5-8}$$

式中，U 为 x 方向的速度，$U = U_0 - U_h$，U_0 和 U_h 为两固体表面 x 方向速度；V 为 y 方向的速度，$V = V_0 - V_h$，V_0 和 V_h 为两固体表面 y 方向速度；h 为油膜厚度。

对于雷诺方程边界条件，常用的压力边界类型有：

强制边界条件：$p|_s = 0$；

自然边界条件：$\left. \dfrac{\partial p}{\partial n} \right|_s = 0$。

式中，s 为求解区域的边界；n 为边界的法线方向。

滑动轴承润滑同时有收敛和发散间隙，润滑油膜出口边界在发散间隙的位置无法提前确定，可假设同时满足 $p|_s = 0$ 和 $\left. \dfrac{\partial p}{\partial n} \right|_s = 0$ 来确定油膜边缘具体位置，这种边界条件称为雷诺方程边界条件。此外还有 Sommerfeld 边界条件、半 Sommerfeld 边界条件和 JFO（Jakobsson-Floberg-Olsson）边界等。

结合雷诺方程分析润滑油膜压力形成现象和机理，在方程中主要有以下形式：

1）$U\rho \dfrac{\partial h}{\partial x}$、$V\rho \dfrac{\partial h}{\partial y}$——动压效应。如图 5-2a 所示，当下表面以速度 U 运动时，沿运动方向的间隙逐渐减小，润滑油从大口流向小口，形成收敛油楔。此时，由于速度流动引起单位长度上的流量由图 5-2a 中三角形面积表示，可以看出沿运动方向流量逐渐减少。为了保证流量连续条件，必然会产生如图 5-2a 所示的压力分布，减少大口的流入流量，而增加小口的流出流量，以保证流过各截面的流量相等，即由运动方向间隙形状特征产生的动压效应。

2）$\rho h \dfrac{\partial U}{\partial x}$、$\rho h \dfrac{\partial V}{\partial y}$——伸缩效应。如图 5-2b 所示，当固体表面由于弹性变形或其他原因使表面速度随位置而变化时，将引起各断面的流量不同，破坏流量连续条件，因此将产生压力流动。为了产生正压力，表面速度沿运动方向应逐渐降低。

3) $Uh\dfrac{\partial\rho}{\partial x}$、$Vh\dfrac{\partial\rho}{\partial y}$——变密度效应。如图 5-2c 所示,当润滑油密度沿运动方向发生变化时,虽然各断面的容积流量相同,但质量流量已经改变了,这也将产生流体压力。密度变化可以是润滑油通过间隙时,由于温度逐渐升高所造成的,也可以是由于外加热源使固体温度不同引起的。虽然变密度效应产生的流体压力并不高,但这种作用却可以使相互平行的表面具有一定的承载能力。

4) $\rho\dfrac{\partial h}{\partial t}$——挤压效应。如图 5-2d 所示,两个平行润滑表面在法向力作用下相互接近,使润滑油膜厚度逐渐减小而产生油膜压力流动,此称为挤压效应。但是当两个润滑表面相互分离时形成的低压常导致润滑油膜破裂,产生空穴现象。

动压效应和挤压效应通常是形成润滑油膜压力的两个主要因素。

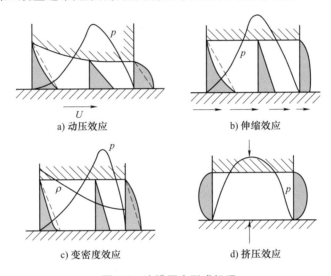

a) 动压效应   b) 伸缩效应

c) 变密度效应   d) 挤压效应

图 5-2   油膜压力形成机理

4. 线接触滑块润滑有限差分法数值计算[3,4]

典型的无限宽线性滑块润滑模型是将雷诺方程简化为一维常微分方程进行求解,与活塞环类型中的锥面环润滑相近。这里以线性滑块润滑有限差分法计算实例介绍润滑的理论和编程。线性滑块如图 5-3 所示。

求解线性滑块润滑的雷诺方程一维形式为

$$\frac{\mathrm{d}}{\mathrm{d}x}\left(\frac{h^3}{\eta}\frac{\mathrm{d}p}{\mathrm{d}x}\right)=6U\frac{\mathrm{d}h}{\mathrm{d}x} \qquad (5\text{-}9)$$

使用压力自然边界 $p\big|_{x=0}=0$,$p\big|_{x=l}=0$;上表面固定速度为 0,下表面速度为 U。

对于不可压稳态等密度、等黏度的线性滑块模型,其无量纲化的雷诺方程为

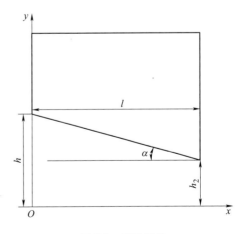

图 5-3   线性滑块

$$\frac{\mathrm{d}}{\mathrm{d}X}\left(H^3\frac{\mathrm{d}P}{\mathrm{d}X}\right)=\frac{\mathrm{d}H}{\mathrm{d}X} \tag{5-10}$$

式中，$X=\dfrac{x}{l}$；$P=p\dfrac{h_2^2}{\eta Ul}$；$H=\dfrac{h}{h_2}$；$l$ 为滑块长度；η 为润滑油动力黏度；U 为相对运动速度；h_2 为最小油膜厚度。

对式（5-10）应用等距差分法，令

$$\frac{\mathrm{d}P}{\mathrm{d}X}=\frac{P_{i+1}-P_{i-1}}{2\Delta X}$$

$$\frac{\mathrm{d}H}{\mathrm{d}X}=\frac{H_{i+1}-H_{i-1}}{2\Delta X}$$

$$\frac{\mathrm{d}^2P}{\mathrm{d}X^2}=\frac{P_{i+1}+P_{i-1}-2P_i}{\Delta X^2}$$

代入雷诺方程，差分后的方程为

$$\frac{H_{i+\frac{1}{2}}^3P_{i+1}-\left(H_{i-\frac{1}{2}}^3+H_{i-\frac{1}{2}}^3\right)P_i+H_{i-\frac{1}{2}}^3P_{i-1}}{\Delta X^2}=-\frac{H_{i+1}-H_{i-1}}{2\Delta X}$$

式中，

$$H_{i+\frac{1}{2}}=\frac{H_{i+1}+H_i}{2}$$

$$H_{i-\frac{1}{2}}=\frac{H_i+H_{i-1}}{2}$$

将其进行移项，则油膜压力 $\widetilde{P}_i$ 的计算公式为

$$\widetilde{P}_i=\frac{-\Delta X\dfrac{H_{i+1}-H_{i-1}}{2}+H_{i+\frac{1}{2}}^3P_{i+1}+H_{i-\frac{1}{2}}^3P_{i-1}}{H_{i+\frac{1}{2}}^3+H_{i-\frac{1}{2}}^3} \tag{5-11}$$

例 5-1 计算对象为图 5-3 中线性滑块，线性滑块速度 $U=1.0\mathrm{m/s}$，无量纲最大油膜厚度 $H_2=3.0$，无量纲最小油膜厚度 $H_1=1.0$，润滑油黏度为 $0.03\mathrm{Pa\cdot s}$，滑块长 $0.01\mathrm{m}$，基于有限差分法，通过 Python 编程获得线性滑块润滑油膜厚度和油膜压力。

解 1）网格划分。定义网格节点数 $N=101$，则 X 方向的计算间隔 $\mathrm{DX}=1.0/(N-1.0)$。

2）无量纲油膜厚度计算。由两个点的坐标确定一条直线方程，根据最大油膜厚度位置（0，H_1）和最小油膜厚度位置（1，H_2），可得线性滑块的直线方程，即无量纲油膜厚度方程为

$$H=\frac{H_1}{H_2}-\left(\frac{H_1}{H_2}-1\right)X \tag{5-12}$$

根据式（5-12）可计算获得油膜厚度。

3）无量纲油膜压力计算。油膜压力计算需要通过迭代计算，在计算收敛后获得，计算步骤为：

① 压力场初始化，两端压力为 0，中间点压力为 0.5。

② 通过差分形式的润滑方程式（5-11）获得差分形式的油膜压力 $\widetilde{P}_i$ 计算公式。

③ 列油膜压力迭代计算公式为

$$P_i^{k+1} = (1 - \alpha) P_i^k + \alpha \widetilde{P}_i^k \tag{5-13}$$

式中，对于第 i 个节点，P_i^k 为当前压力，P_i^{k+1} 为新压力；$0<\alpha<1$，这里 α 取 0.3。

④ 迭代收敛条件。常用的迭代收敛条件有所有节点在两次迭代间的绝对误差限值或相对误差限值。较为宽松的相对误差收敛条件是两次迭代间的滑块载荷（所有节点的压力求和）的相对误差：

$$\frac{\sum\limits_{i=1}^{N} |P_i^k - P_i^{k-1}|}{\sum\limits_{i=1}^{N} P_i^k} < \varepsilon \tag{5-14}$$

一般可取收敛标准 $\varepsilon<10^{-6}$，这里令 $\varepsilon=10^{-7}$。

通过 Python 编程，编程代码如下。

HuaKuai_XianXing. py

```
# - * - coding:utf-8 - * -
import os
import sys
import matplotlib. pyplot as plt
'''线性滑块润滑计算,无量纲化'''


####输入参数区
##开始
N = 101          #N:网格节点数
U = 1.0          #U:滑块速度,m/s
#x = Xl,l 为滑块长度
X1 = 0.0         #X1:润滑计算区域无量纲起点坐标
X2 = 1.0         #X2:润滑计算区域无量纲终点坐标
EDA = 0.03       #EDA:润滑油黏度,Pa. s
AL = 0.003       #AL:滑块长度,m
#H1,H2 用来确定 h1/h2 的比值,h1 最大膜厚(m),h2 最小膜厚(m)
H1 = 3.0         #H1:无量纲最大膜厚
H2 = 1.0         #H2:无量纲最小膜厚
##结束


####求解油膜厚度
##开始
DX = 1.0/(N-1.0)
X = []    #X:无量纲节点坐标
```

```
H = [ ]    #H:无量纲油膜厚度
for I in range(1,N+1):
    #print I
    X_flag = X1-(I-1) * DX * (X1-X2)
    X. append(X_flag)
    #H1/H2 = h1/h2,不需要纠结于 H1 和 H2 的具体值,明确 h1/h2 的值即可
    H_flag = (H1/H2-(H1/H2-1.0) * X_flag)
    H. append(H_flag)
##结束


####求解油膜压力
##开始
#压力场初始化,两端压力为 0,中间点压力为 0.5
P = [ ]
for I in range(1,N+1):
    P_flag = 0.5
    P. append(P_flag)
P[0] = 0.0
P[-1] = 0.0
#松弛法迭代求油膜压力
IK = 0 #IK:迭代次数
while 1:
    C1 = 0
    ALOAD = 0.0
    for I in range(1,N-1):
        A1 = (0.5 * (H[I+1]+H[I])) * * 3
        A2 = (0.5 * (H[I]+H[I-1])) * * 3
        PD = P[I]
        P[I] = (-0.5 * DX * (H[I+1]-H[I-1])+A1 * P[I+1]+A2 * P[I-1])/(A1+A2)
        P[I] = 0.3 * PD+0.7 * P[I]
        if P[I]<0.0: P[I] = 0
        C1 = C1+abs(P[I]-PD)
        ALOAD = ALOAD+P[I]
    #收敛准则
    ERO = C1/ALOAD
    IK = IK+1
    if ERO<1.0e-7:break
##结束


####结果输出
##开始
nf = open(' XianXing. txt','w')
for I in range(0,len(X)):
```

```
line = '%f,%f,%f\n'%(X[I],H[I],P[I])
#结果三列依次为无量纲坐标,无量纲油膜厚度,无量纲油膜压力
    nf.write(line)
nf.close()
##结束
plt.rc('xtick',labelsize=16)
plt.rc('ytick',labelsize=16)

plt.figure(1)
plt.figure(figsize=(8,6))
plt.plot(X,H,label='$V$',color='red',linewidth=2)
plt.xlabel('X',fontsize=16) #设置 x 轴的文字 X
plt.ylabel('H',fontsize=16) #设置 y 轴的文字 H

plt.figure(2)
plt.figure(figsize=(8,6))
plt.plot(X,P,label=''$V$'',color=''red'',linewidth=2)
plt.xlabel('X',fontsize=16) #设置 x 轴的文字 X
plt.ylabel('P',fontsize=16) #设置 y 轴的文字 P
plt.show()
print('finished')
```

使用 Python 编程后,无量纲线性滑块润滑结果如图 5-4 所示。

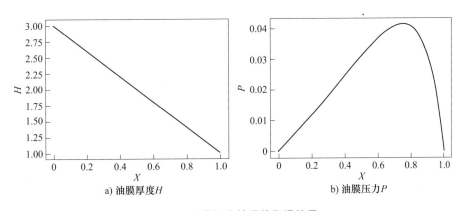

a) 油膜厚度 H　　　　b) 油膜压力 P

图 5-4 无量纲线性滑块润滑结果

图 5-4a 油膜厚度 H 计算公式为式(5-12),从最大油膜厚度 $H_2 = 3.0$ 线性减小为最小油膜厚度 $H_1 = 1.0$。图 5-4b 油膜厚度是动压效应的表现,类比图 5-2a,求解线性滑块润滑的雷诺方程一维形式,即式(5-9)的右侧为 $6U\dfrac{\mathrm{d}h}{\mathrm{d}x}$,当方程左右两侧不约去 ρ 时,恰好对应前文雷诺方程的动压项 $U\rho\dfrac{\partial h}{\partial x}$。

5.1.2 活塞环-缸套润滑仿真与设计

1. 活塞环工作条件和功用

活塞环在气缸内高速往复运动，承受很高的缸内燃气压力和温度，其所处高温高压环境对于润滑是一种严峻的考验。而活塞环-缸套的润滑是飞溅润滑，这更使得活塞环，尤其是第一道气环，处于很差的润滑状态。活塞环常见的破坏形式有结焦卡住、折断等。内燃机的润滑油耗主要是润滑油通过活塞环进入气缸内引起的"烧机油"问题，导致发动机排气出现"蓝烟"现象。以内燃机作为动力的汽车，内燃机的摩擦损失占车辆摩擦损失的70%左右，活塞环-缸套摩擦损失能达到内燃机机械损失的50%，是内燃机最主要的机械损失来源。

活塞环分为气环和油环。气环的主要功能是密封和导热，对于不加特殊冷却措施的非冷却式活塞而言，约有70%的热量是经活塞环传出的，其中第一道气环的传热量占活塞环组总散热量的50%。油环的作用是刮油和布油。

活塞环常用材料为灰铸铁+合金元素、球磨铸铁或钢。当前，符合国家排放要求的活塞环组合形式如图5-5所示。柴油机第一道活塞环使用桶面环，第二环使用锥面环，油环使用弹簧胀圈油环。汽油机第一道活塞环使用桶面环，第二环使用锥面环，油环使用钢带组合油环。

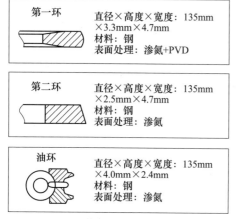

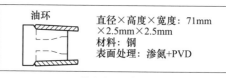

a) 某柴油机活塞环组合　　　　　　　　b) 某汽油机活塞环组合

图5-5　活塞环组合形式[5]

2. 活塞环润滑模型[6]

（1）油膜厚度和膜厚比　计算实际油膜厚度 h_T 时应考虑表面粗糙度、弹性变形和热变形的影响，即

$$h_T = h + \delta_p + \delta_T + \delta \tag{5-15}$$

式中，h 为名义油膜厚度，即两粗糙表面中心之间的距离；δ_p 为弹性变形；δ_T 为热变形；δ 为表面粗糙度引起的膜厚。

平均油膜厚度 $\overline{h}_T$ 的计算公式为

$$\overline{h}_T = \int_{-h}^{\infty} (h + \delta) f(\delta) \mathrm{d}\delta \tag{5-16}$$

式中，$f(\delta)$ 为 δ 的概率密度函数。

膜厚比 H 的计算公式为

$$\left. \begin{array}{c} H = \dfrac{h}{\sigma} \\[2mm] \sigma = \sqrt{\sigma_1^2 + \sigma_2^2} \end{array} \right\} \tag{5-17}$$

式中，σ 为当量粗糙度；σ_1、σ_2 分别为两个表面的粗糙度。

（2）平均雷诺方程　活塞环润滑可使用 Patir 和 Cheng 提出的平均雷诺方程，平均雷诺润滑方程形式为

一维形式

$$\frac{\partial}{\partial x}\left(\Phi_x \frac{\rho h^3}{\eta} \frac{\partial p}{\partial x} \right) = 6U\sigma \frac{\partial(\rho \Phi_s)}{\partial x} + 6U \frac{\partial(\rho \overline{h}_T)}{\partial x} + 12 \frac{\partial(\rho \overline{h}_T)}{\partial t} \tag{5-18}$$

二维形式

$$\frac{\partial}{\partial x}\left(\Phi_x \frac{\rho h^3}{\eta} \frac{\partial p}{\partial x} \right) + \frac{\partial}{\partial y}\left(\Phi_y \frac{\rho h^3}{\eta} \frac{\partial p}{\partial y} \right) = 6U\sigma \frac{\partial(\rho \Phi_s)}{\partial x} + 6U \frac{\partial(\rho \overline{h}_T)}{\partial x} + 12 \frac{\partial(\rho \overline{h}_T)}{\partial t} \tag{5-19}$$

式中，h 为名义油膜厚度；p 为油膜压力；$\overline{h}_T$ 为平均油膜厚度；η 为润滑油黏度；U 为活塞环速度；σ 为表面粗糙度；Φ_x、Φ_y 为压力流量系数；Φ_s 为剪切流量系数；ρ 为润滑油密度。

求解平均雷诺方程边界条件常用的有雷诺边界、Sommerfeld 边界条件、半 Sommerfeld 边界条件和 JFO（Jakobsson-Floberg-Olsson）边界等。

（3）微凸体接触模型　采用由 Greenwood 和 Tripp 提出的微凸体接触模型，获得表观接触面积上的接触压力 p_a，即

$$p_a = \frac{16\sqrt{2}\pi}{15} (\eta_s \beta_s \sigma)^2 E' \sqrt{\frac{\sigma}{\beta_s}} F_{\frac{5}{2}}(H) \tag{5-20}$$

其中，

$$E' = \frac{1}{\dfrac{1 - \nu_1^2}{E_1} + \dfrac{1 - \nu_2^2}{E_2}}$$

$$F_{\frac{5}{2}}(H) = \begin{cases} 4.4086 \times 10^{-5} (4 - H)^{6.804}, & H < 4 \\ 0, & H \geqslant 4 \end{cases}$$

式中，η_s 为微凸体峰顶密度；β_s 为微凸体峰顶的曲率半径；E' 为当量弹性模量；E_1、E_2 分别为缸套、活塞环材料的弹性模量；ν_1、ν_2 分别为缸套、活塞环材料的泊松比；H 为膜厚比。

（4）摩擦力和摩擦功耗　表面摩擦剪应力 τ_f 等于液动剪应力 τ_h 和微凸体接触剪应力 τ_a 的和，即

$$\tau_f = \tau_h + \tau_a \tag{5-21}$$

$$\tau_h = \eta \frac{\partial U}{\partial h} \tag{5-22}$$

$$\tau_a = p_a \mu_a \tag{5-23}$$

式中，μ_a 为接触摩擦系数。

瞬时摩擦功耗 P 的表达式为

$$P = F_f U \tag{5-24}$$

式中，F_f 为摩擦力。

对于四冲程发动机，整个周期内的平均摩擦功耗 P_m 的表达式为

$$P_m = \frac{1}{4\pi} \int_0^{4\pi} P \mathrm{d}\varphi \tag{5-25}$$

3. 活塞环动力学模型[6,7]

活塞环受到气体力、惯性力、摩擦力、自身弹力等综合作用，与活塞环槽产生相对运动，基本的运动形式有周向运动、径向运动和回转运动。活塞环的动力学模型如图5-6所示。

活塞环随着活塞在缸套内滑动，在一个循环内会受到来自燃气的压力，自身的惯性力，以及与缸套之间所产生的摩擦力等不同方向的力，活塞环在这些力的综合作用下发生相对运动。除了轴向运动，还有径向运动以及回转运动。

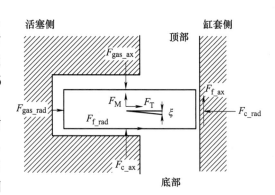

图5-6 活塞环动力学模型

活塞环在轴向、径向所受的力见表5-3及表5-4。

表5-3 活塞环轴向受力表

活塞环在轴向受到的力	符号
质量力（包括重力和活塞倾斜运动）	F_M
缸套与活塞环接触面的摩擦力	F_{f_ax}
环上下侧所受的气体力	F_{gas_ax}
活塞环与环槽接触面的接触力	F_{c_ax}

表5-4 活塞环径向受力表

活塞环在径向受到的力	符号
活塞环弹力	F_T
环背侧所受到的气体力	F_{gas_rad}
活塞环与环槽接触面的摩擦力	F_{f_rad}
活塞环与缸套接触面的接触力	F_{c_rad}

活塞环轴向力平衡方程为

$$F_{c\_ax} = F_{gas\_ax} - F_M - F_{f\_ax} \tag{5-26}$$

若 $F_{c\_ax} > 0$，则活塞环随活塞移动方向移动；若 $F_{c\_ax} \leqslant 0$，从环槽间隙侧提升活塞环。活塞环的轴向运动状态也可根据式（5-26）进行判断。

活塞环与缸套接触面的接触力为

$$F_{c\_rad} = F_T + F_{f\_rad} + F_{gas\_rad} \tag{5-27}$$

若 $F_{c\_rad} \leqslant 0$，则代表活塞环远离缸套壁。活塞环与环槽接触面的摩擦力 F_{f_rad} 根据活塞环与活塞之间的相对径向速度，使用 Stribeck 模型进行计算。

活塞环的扭曲：

$$M_r = M_{elastic}\xi$$

式中，M_r 为环截面绕形心的力矩；$M_{elastic}$ 为活塞环抗扭曲的弹性模量；ξ 为扭曲角度。

4. 漏气模型[6,7]

为了计算气体对活塞环的作用力，需要计算漏气过程通道中的气体压力。图 5-7 所示为活塞环组漏气通道，缸内气体通过活塞环与活塞、活塞环与缸套、活塞环间隙从燃烧室泄漏至曲轴箱。

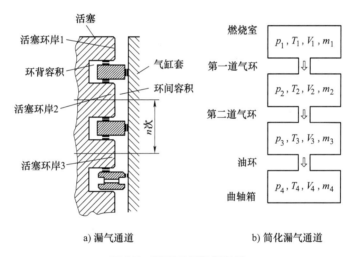

a) 漏气通道　　　　　　　b) 简化漏气通道

图 5-7　活塞环组漏气通道

使用串联的节流简化模型计算漏气压力情况。将通过活塞环的气体流通区域分为环背和环间两种容腔，以及环顶面间隙、环底面间隙和环与缸套之间工作面三个节流阀。由于燃烧室压力及温度主要受燃气爆发影响，可以认为不受漏气影响，压力设置为燃气压力；在曲轴箱部分由于曲轴箱体积较大且通过油环漏气至曲轴箱的量很小，因此可认为曲轴箱压力不受漏气量影响；但三道环之间的两个容腔，由于泄漏气体的影响，压力和温度都会随着漏气量的变化而变化。

相邻容腔之间的质量流量变化率 $\dot{m}$ 的计算公式为

$$\dot{m} = A_{flow}\psi p_c \sqrt{\frac{2}{RT_c}} \sqrt{\frac{\kappa}{\kappa-1}\left[\left(\frac{p_0}{p_c}\right)^{\frac{2}{\kappa}} - \left(\frac{p_0}{p_c}\right)^{\frac{\kappa+1}{\kappa}}\right]} \tag{5-28}$$

容腔内质量增量 Δm 的计算公式为

$$\Delta m = \dot{m}\Delta t$$

式中，Δt 为时间增量。

根据理想气体状态方程，可获得容腔 C 内的压力 p_c 为

$$p_c = \frac{RT_c}{V_c}(m + \Delta m) \tag{5-29}$$

式中，R 为气体常数；κ 为绝热指数；ψ 为流量系数；A_{flow} 为流通面积；p_c 和 T_c 分别为容腔 C 的压力和温度；p_0 为相邻容腔的压力。

5. 活塞环-缸套润滑评价

（1）最小油膜厚度、膜厚比　工程应用中，常根据膜厚比 H（$H = h/\sigma$）判断润滑状态。当 $H \geqslant 4$ 时，处于完全流体润滑状态；当 $H \leqslant 1$ 时，处于边界润滑状态；当 $1 < H < 4$ 时，处于混合润滑状态。

根据油膜厚度 h 判别时，弹性流体动压润滑 h 范围为 $0.1 \sim 1\mu m$，当 $h < 0.1\mu m$ 时，进入薄膜润滑或边界润滑状态，磨损严重。

（2）油膜液动压力、微凸体接触压力和总压　总压是油膜液动压力和微凸体接触压力之和。活塞环-缸套的微凸体接触出现在上、下止点附近和做功行程初期。

（3）摩擦功耗　在保证活塞环正常工作情况下，应尽量降低活塞环的摩擦功耗。

（4）漏气量　根据 GB/T 19055—2003《汽车发动机可靠性试验方法》[8]，四冲程发动机在全负荷时最大活塞漏气量 $B_{\max}$ 不得超过限制 B_L：

$$B_L = CV_t = 0.6\% \cdot V_H \cdot \frac{n_r}{2} \cdot r_r \frac{298}{T_m} \tag{5-30}$$

式中，C 为常数，一般为 0.6%；V_t 为四冲程发动机在标准状态下额定转速时的理论吸气量（L/min），即充气系数=1；V_H 为发动机排量（L）；n_r 为额定转速（r/min）；r_r 为在额定转速、全负荷时增压机的压比，即压气机出口的绝对压力与进口绝对压力之比，对于非增压机，$r_r = 1$；T_m 为进气歧管内进气温度（K），对于非增压机，$T_m = 298K$。

（5）润滑油耗　活塞环-缸套处的润滑油耗计算需要联合活塞环动力学、润滑和漏气计算，这里不展开介绍。活塞环处的润滑油耗是内燃机润滑油耗的最主要来源。以非道路柴油机润滑油耗限值为参考，见表5-5。

表5-5　非道路柴油机润滑油耗限值[9]

标定功率 P/kW	润滑油消耗率限值 g_m/[g/(kW·h)]
$P < 4.5$	4.1
$4.5 \leqslant P < 8$	2.82
$8 \leqslant P < 19$	1.70
$19 \leqslant P < 37$	1.50
$37 \leqslant P < 56$	1.40
$56 \leqslant P < 75$	1.00
$75 \leqslant P < 130$	0.90
$130 \leqslant P < 225$	0.90
$225 \leqslant P < 450$	0.90
$450 \leqslant P \leqslant 560$	0.90

例 5-2 在未来的节能汽车和混合动力汽车的内燃机中，使用低黏度润滑油是降低摩擦功耗的发展趋势。图 5-8 所示为低黏度润滑油 SAE 0W-20 与 SAE 5W-20 的活塞环摩擦特性，已知该发动机转速为 2000r/min，活塞行程为 90mm，活塞环轴向高度 1mm，桶高 8μm，弹力 20N。试根据活塞环润滑结果分析润滑状态，并探讨节能汽车和混合动力汽车中活塞环润滑研究的新挑战和新使命。

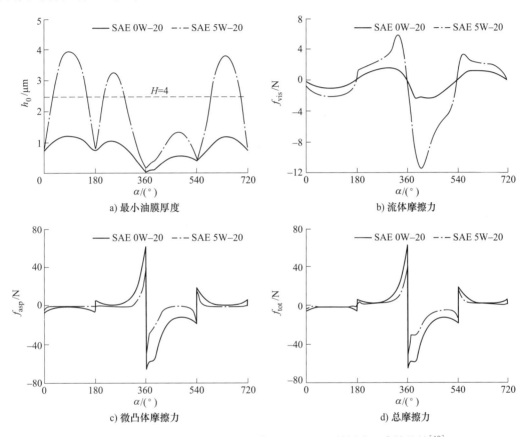

图 5-8 低黏度润滑油 SAE 0W-20 与 SAE 5W-20 的活塞环摩擦特性[10]

解 采用润滑油 SAE 0W-20 时，摩擦副全程处于混合润滑状态（$H<4$）；采用润滑油 SAE 5W-20 时，摩擦副部分时间处于流体润滑状态，如图 5-8a 所示。这是因为黏度过小时，相同厚度的油膜承载力减小，为了产生足够大的油膜承载力，油膜厚度将减小，使得流体润滑向混合润滑转变，甚至进入边界润滑状态。由于流体摩擦力与润滑油黏度成正比，与膜厚成反比，所以润滑油 SAE 0W-20 的流体摩擦力较小，如图 5-8b 所示。对比图 5-8c 和 d 中微凸体摩擦力和总摩擦力可以看出，由于润滑油 SAE 0W-20 的油膜厚度较小，其微凸体摩擦力较大，而活塞环-缸套系统中微凸体摩擦力所占比例大于流体摩擦力所占比例，所以其总摩擦力较大。

使用低黏度润滑油是节能汽车和混合动力汽车内燃机降低摩擦损失的发展趋势。高温时润滑油黏度更低，油膜厚度更薄，更容易出现微凸体接触。以往活塞环-缸套的微凸体接触出现在上、下止点附近和做功行程初期，研究表明，采用低黏度润滑油后，几乎整个发动机循环中活塞环-缸套摩擦副都存在微凸体摩擦力，混合润滑状态成为其关键工作状态。同时，内燃机的强化程度越来越高，缸内压力提升，热负荷增大，活塞环-缸套工作处于高温状态。因此，在未来的节能汽车和混合动力汽车的内燃机中，活塞环-缸套摩擦副的高温混合润滑状态将成为其关键工作状态。研究使用低黏度润滑油时的活塞环混合润滑工作机理，以及高可靠性和低摩擦的结构设计、材料研制和内燃机系统设计，是节能汽车和混合动力汽车发展对新一代学生和研究人员赋予的新使命，学习和从事相关工作对节能汽车和混合动力汽车内燃机的低摩擦节能技术的进一步发展有很好的推动作用。

5.1.3 径向滑动轴承润滑仿真与设计[6,11]

内燃机中径向滑动轴承主要包括曲轴主轴承、连杆大头轴承、连杆小头衬套、凸轮轴轴承等。基于 CMS 子结构模态综合法计算柔性多体系统的动力学计算方法见式（3-12）。润滑油计算使用参数见"5.1.1 润滑基础理论"；油膜厚度计算方法见式（5-15）；使用接触模型考虑混合润滑，如 Greenwood 和 Tripp 模型见式（5-20）；摩擦力和摩擦功率计算考虑液动摩擦和微凸体接触摩擦见式（5-21）～式（5-25）。

1. 径向滑动轴承润滑模型

润滑计算使用考虑润滑油填充率的扩展的雷诺方程：

$$-\frac{\partial}{\partial x}\left(\theta\alpha^2\frac{\partial p}{\partial x}\right) - \frac{\partial}{\partial z}\left(\theta\alpha^2\frac{\partial p}{\partial z}\right) + \frac{\partial(\theta\beta)}{\partial x} + \frac{\partial(\theta\gamma)}{\partial t} = 0 \tag{5-31}$$

其中，

$$\alpha^2 = -h^3\int_0^1\rho\left(\int_0^y\frac{y'}{\eta'}\mathrm{d}y' - \frac{\int_0^1\frac{y'}{\eta'}\mathrm{d}y'}{\int_0^1\frac{1}{\eta'}\mathrm{d}y'}\int_0^y\frac{1}{\eta'}\mathrm{d}y'\right)\mathrm{d}y$$

$$\beta = h(u_\mathrm{S} - u_\mathrm{J})\int_0^1\rho\left(1 - \frac{\int_0^y\frac{1}{\eta'}\mathrm{d}y'}{\int_0^1\frac{1}{\eta'}\mathrm{d}y'}\right)\mathrm{d}y$$

$$\gamma = h\int_0^1\rho\mathrm{d}y$$

式中，x 为轴承圆周方向；z 为轴承轴向；y 为油膜厚度方向；p 为油膜压力；θ 为润滑油填充率；ρ 为润滑油密度；η 为润滑油黏度；u_J 为轴颈周向速度；u_S 为轴瓦周向速度；"'"表示在 (x, y', z, t) 坐标系下，仅用于积分。

使用润滑油填充率 θ 来表征空穴效应，空穴计算使用 JFO（Jakobsson-Floberg-Olsson）模型。轴承两端油膜压力等于曲轴箱气体压力，油孔位置油膜压力等于油孔供油压力，内燃机主油道压力：汽油机为 0.2～0.3MPa，高速柴油机为 0.3～0.6MPa，高速强化柴油机为 0.6～0.9MPa。

空穴计算使用 JFO 边界，在油膜破裂处边界条件为：

$$\frac{\partial p}{\partial n} = 0, p = p_\mathrm{c} \tag{5-32}$$

在油膜形成处，边界条件为：

$$\frac{h^2}{12\mu}\frac{\partial p}{\partial n} = \frac{v_n}{2}(1-\theta) \tag{5-33}$$

式中，p_c 为空穴压力，一般取 0.02MPa；n 为界面法向；v_n 为法向速度；θ 为润滑油填充率。

2. 润滑能量方程

如果需要分析传热影响，则可通过增加能量方程进行计算：

$$
\begin{aligned}
\rho c_p &\left\{ \frac{\partial T}{\partial t} + u\frac{\partial T}{\partial x} + w\frac{\partial T}{\partial z} + \right. \\
&\frac{1}{h}\left[v - y\left(\frac{\partial h}{\partial t} + u\frac{\partial h}{\partial x} + w\frac{\partial h}{\partial z} \right) \right]\frac{\partial T}{\partial y} \left. \right\} + \\
&\frac{T}{\rho}\frac{\partial \rho}{\partial T}\bigg|_P \left(\frac{\partial p}{\partial t} + u\frac{\partial p}{\partial x} + w\frac{\partial p}{\partial z} \right) - \frac{\kappa}{h^2}\frac{\partial^2 T}{\partial y^2} \\
&= \frac{\eta}{h^2}\left[\left(\frac{\partial u}{\partial y}\right)^2 + \left(\frac{\partial w}{\partial y}\right)^2 \right] + \frac{\tau_a}{h^3}(u_S - u_J)
\end{aligned}
\tag{5-34}
$$

式中，u、v、w 分别为流体速度矢量在 x、y、z 方向上的分量；c_p 为润滑油定压比热容；κ 为润滑油导热系数；u_J 为轴颈周向速度；u_S 为轴瓦周向速度；τ_a 为粗糙接触摩擦应力。

3. 轴瓦传热方程

当需要计算轴瓦温度场时，可使用圆柱体导热方程计算轴瓦导热：

$$\frac{\rho_s c_s}{\kappa_s}\frac{\partial T_s}{\partial t} = \frac{\partial^2 T_s}{\partial y^2} + \frac{1}{y}\frac{\partial T_s}{\partial y} + \frac{1}{y^2}\frac{\partial^2 T_s}{\partial x^2} + \frac{\partial^2 T_s}{\partial z^2} \tag{5-35}$$

式中，x 为周向坐标；z 为轴向坐标；y 为径向坐标；ρ_s 为轴瓦密度；c_s 为轴瓦比热容；κ_s 为轴瓦导热系数；T_s 为轴瓦温度。

轴瓦导热计算的边界条件：轴瓦外表面等温，轴瓦两端与曲轴箱内气体对流传热，润滑油与轴瓦的接触面热通量连续。

4. 径向滑动轴承润滑评价

（1）轴心轨迹图　轴心轨迹计算对内燃机设计的意义：

1）可找出一个工作循环中最小的最小油膜厚度 $(h_{min})_{min}$ 及其出现和持续时间，如图 5-9 中 A 区。

2）开油孔或油槽会导致轴承局部承载能力显著下降，图 5-9 中 B 区轴承负荷轻，可以在该区域开油孔、油槽。

3）图 5-9 中，C 区出现高速向心运动，使局部出现真空，形成气泡，至轴心高速离心运动时，气泡破裂突然释放很高的气泡爆破压力，冲击轴瓦表面造成穴蚀。

4）图 5-9 中，D 区多次出现高速离心运动，油膜压力峰值剧增，可达轴承平均比压的 10 倍以

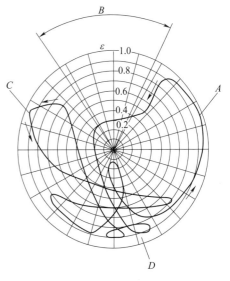

图 5-9　轴心轨迹图[12]

上，造成合金疲劳剥落。

（2）最小油膜厚度及润滑状态　工程应用中，常根据膜厚比$\left(H=\dfrac{h}{\sigma}\right)$判断润滑状态。当$H\geqslant4$时，处于完全流体润滑状态；当$1<H<4$时，处于混合润滑状态；当$H\leqslant1$时，处于边界润滑状态，进入边界润滑状态，摩擦磨损加剧。

（3）轴承载荷　以往的研究中，常使用轴承最大比压p_{max}定性计算来保证轴承合金材料不发生疲劳破坏：

$$p_{max}=\frac{F_{max}}{dB}<[p_{max}] \tag{5-36}$$

式中，F_{max}为轴承最大载荷；d为轴承内径；B为轴承宽度；$[p_{max}]$为轴承材料的许用压强。

总压是油膜液动压力和微凸体接触压力之和，一般要求最大总压小于150MPa（Sn 基）~250MPa（Al 基），具体取决于轴承材料。径向滑动轴承微凸体接触常发生在轴瓦主要承载面的两侧边缘，也是轴瓦常见的磨损位置。

（4）润滑油温度　为了保证轴承在良好状态下工作，需控制润滑油的工作温度。轴承的温度状况可用油膜润滑油平均温度来评定。对于铅青铜轴瓦，油膜润滑油温度不应超过110℃，在热负荷特别高的情况下也不应超过150℃；对于巴氏合金轴瓦，油膜润滑油温度不应超过100℃。此外，油底壳中润滑油温度不应超过95℃，最好为70~75℃，超过95℃应装机油散热器。

（5）穴蚀　如果轴瓦某位置的润滑油填充率由小于1变为等于1，而且润滑油填充率和液动油膜压力急剧增大，则该位置为穴蚀危险位置。

例5-3　某内燃机连杆大头轴瓦宽度为34.192mm，轴瓦内径为83mm，连杆大头轴承力如图5-10所示，连杆大头轴承载荷最大值为186.32kN，图5-11所示为基于多体动力学的润滑计算瞬时最大总压，瞬时总压最大值为165.6MPa。求轴承比压，并结合比压和瞬时最大总压说明比压和瞬时最大总压评价方法的区别和意义。

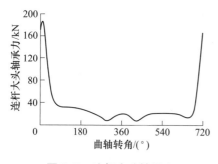

图5-10　连杆大头轴承力

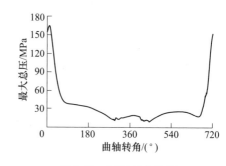

图5-11　瞬时最大总压

解　根据式（5-36）有

$$p_{max}=\frac{F_{max}}{dB}=\frac{186.32\times1000}{83\times10^{-3}\times34.192\times10^{-3}}\text{Pa}=65.7\text{MPa}$$

连杆大头轴承最大比压为65.7MPa，而基于多体动力学的润滑计算瞬时总压最大值为165.6MPa，比轴承最大比压高了99.9MPa。

比压是以轴承投影面积dB为参考对象的压强，而瞬时总压是仿真计算得到的轴承空间瞬时局部最大压强，随着仿真计算理论和技术的进步，对轴瓦压强的分析已从整体精细到局部，体现了工程和科研领域精益求精的工匠精神，科研进步带来更具体、详细和准确的分析评价方法，进一步提升了轴承的可靠性，继而为安全使用保驾护航。

5.2 内燃机冷却仿真与设计

5.2.1 冷却水腔流动传热仿真与设计

1. 建立网格模型

冷却水腔包括进水总管、机体水腔、缸套水腔、缸盖水腔和出水总管，对于水冷式机油冷却器还包括机油冷却器水腔。某四缸柴油机冷却水套的 CAD 和网格模型如图 5-12 所示。冷却液从进水总管进入后，分别由分水管流入各缸缸套水腔中，然后流经缸套水腔与缸盖水腔间的上水孔，进入缸盖水腔，最后在出水总管中汇总流出。如此循环，完成对发动机的冷却。

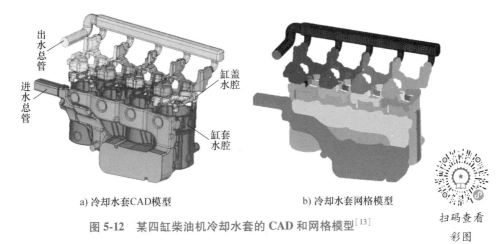

a) 冷却水套CAD模型   b) 冷却水套网格模型

图 5-12 某四缸柴油机冷却水套的 CAD 和网格模型[13]

扫码查看
彩图

2. 流动传热数学模型

将冷却液的流动定义为具有黏性的、不可压缩流体的湍流流动。采用 $k\text{-}\varepsilon$ 模型，对近壁面区的边界采用壁面函数法进行处理，并采用有限体积法对控制方程进行离散化处理。

当不考虑沸腾时，对流传热计算公式为

$$q_w = h_c(T_w - T_1) \tag{5-37}$$

式中，q_w 为壁面传热量；h_c 为表面传热系数；T_w 为固体壁面温度；T_1 为液体温度。

当考虑沸腾传热时常使用单相流模型和欧拉多相流模型等，单相流模型常使用 Chen 模型和 BDL 模型，单相流模型进行了较大程度的简化。现在的商用软件大多提供了计算沸腾传热的模块，较为常见的是欧拉多相流和 RPI 模型的组合模型[14-16]。当使用欧拉多相流和 RPI 模型计算沸腾传热时，壁面换热量计算方程为

$$q_w = q_c + q_q + q_e \tag{5-38}$$

对流项：
$$q_c = h_c(T_w - T_1)(1 - R_g)$$

骤冷项：
$$q_q = 2R_g f_g \sqrt{\frac{\rho_1 c_{p1} \lambda_1 t_w}{\pi}} (T_w - T_1)$$

蒸发项：
$$q_e = \frac{\pi d_w^3}{6} f_g n_w \rho_g h_{1g}$$

式中，f_g 为气泡脱离频率；t_w 为气泡等待时间，$t_w = c_w / f_g$，c_w 可取 0.8；ρ_g 为气相密度；ρ_1 为液相密度；λ_1 为液相导热系数；c_{p1} 为液相比热容；h_{1g} 为蒸发潜热；d_w 为气泡脱离直径；n_w 为汽化核心密度；R_g 为被气泡覆盖面积的比例，$1-R_g$ 为被液体覆盖面积的比例，

$$R_g = F_A \frac{\pi d_w^2}{4} n_w$$

其中，面积系数 F_A 在 1.8~5 范围内变化，常取 4，可通过 Del Valle 和 Kenning 公式计算，Ja 为过冷 Jacob 数：

$$F_A = 4.8 e^{-\frac{Ja}{80}}$$

计算汽化核心密度 n_w 可使用 Lemmert-Chawla 模型：

$$n_w = [A_{LC}(T_w - T_{sat})]^{B_{LC}}$$

式中，$A_{LC} = 210$；$B_{LC} = 1.805$；T_{sat} 为饱和温度。

计算气泡脱离直径可使用 Tolubinski-Kostanchuk 模型：

$$d_w = d_0 e^{-\frac{T_{sat} - T_1}{\Delta T_0}}$$

式中，d_0 为参考直径，常取 0.0006m；ΔT_0 为参考过冷度，常取 45K。

气泡脱离频率 Cole 模型：

$$f_g = \sqrt{\frac{4g(\rho_1 - \rho_g)}{3\rho_1 d_w}}$$

3. 计算工况和边界条件

计算工况常选取额定工况和最大转矩工况。对于进口边界条件采用质量流量入口或速度入口，入口温度常为 75~85℃；出口常使用压力出口。将进水总管、机体水腔、缸套水腔、缸盖水腔和出水总管、机油冷却器水腔等壁面分别设置为定温边界。进行流固耦合计算时，初始温度边界设为定温边界，耦合时替换为空间分布的温度边界，参见"3.4.2 缸盖-缸套-机体温度场计算"。表 5-6 所列为某四缸增压柴油机冷却水腔计算边界。

表 5-6　某四缸增压柴油机冷却水腔计算边界[13]

名　　称	数　　值
缸盖壁面温度/℃	120
缸套壁面温度/℃	110
冷却流体组成	50%水+50%乙二醇
冷却流体密度/kg·m⁻³	1020
冷却流体入口温度/℃	86
入口质量流量/kg·min⁻¹	205

4. 水腔结果分析和设计

（1）避免流动死区　流动死区由于传热很差容易造成局部过热、破坏等问题，要从流

动结果中查看是否有流速接近 0 的区域，通过改进水腔结构设计避免出现流动死区。

（2）尽量降低流动损失　总压包括静压和动压，通过计算进、出口位置的总压损失进行总体评价。

流体阻力和能量损失主要有沿程损失和局部损失。

1）沿程损失 h_f 由流体黏性引起的摩擦形成，其计算公式为

$$h_f = \lambda \frac{l}{d} \frac{V^2}{2g} \tag{5-39}$$

式中，l 为管长；d 为管径，对于非圆管道使用水力直径；V 为断面平均流速；λ 为沿程阻力损失系数，层流区、过渡区和湍流光滑管区 $\lambda = f(Re)$，湍流粗糙管过渡区 $\lambda = f(Re, \frac{\sigma}{d})$，湍流粗糙管区 $\lambda = f(\frac{\sigma}{d})$；$\sigma$ 为粗糙度；g 为重力加速度。

2）局部阻力损失 h_m 是由通道断面形状、大小和方向等发生突变引起的，其计算公式为

$$h_m = \xi \frac{V^2}{2g} \tag{5-40}$$

式中，ξ 为局部损失系数。

降低沿程损失的有效方式是降低管长 l，也就是非必要情况下流道不必过长。为避免出现局部阻力较大区域，可检查流场结果中是否有流速下降明显或者局部出现旋涡的情况。流速度增大，沿程损失和局部损失都会明显增加，因此，在满足散热要求情况下，整体或者局部的流速不应过大。

（3）多缸机各缸流动均匀性　为保证多缸机各缸工作情况基本一致，需要各缸冷却时具有较好的均匀性，定义流动不均匀系数 χ_f：

$$\chi_f = \frac{|\dot{m}_d - \dot{m}_a|}{\dot{m}_a} \tag{5-41}$$

式中，$\dot{m}_d$ 为单缸理论平均流量；$\dot{m}_a$ 为单缸实际流量。

（4）气缸体（或缸套）处水腔的流动组织　冷却水腔入口不应正对气缸套，而是沿切线方向进入，以减少水流对缸套的冲击。同时，水流绕缸套螺旋上升，减少气泡的产生，即便有气泡产生也会因切向流动离开振动强烈区域，减小对缸套的穴蚀。具体效果参考缸套温度场和穴蚀情况进行评价。

图 5-13　某缸盖火力面流速

（5）缸盖水腔火力面等位置的流动组织　对于沸腾状态，在热负荷较高的火力面等区域，冷却液流速在 0.5m/s 以上不会形成膜状沸腾[17]，图 5-13 所示为某缸盖火力面处流速。如果开展了沸腾传热计算，则可通过沸腾分区进行沸腾状态判别。

图 5-14 所示为沸腾热流密度变化规律示意图，图中横坐标为过热度的对数，q_{CHF} 为临

界热流密度，q_{DL} 为热流密度的设计极限。随着过热度的提高，热流密度初期逐渐由缓升到急升，然后到达一个最高点（临界点），当过热度继续提高，热流密度会急剧下降，即进入过渡沸腾区域，这时由于壁面得不到充分冷却，热量不能被有效散失，壁面温度短时间急剧升高到一个很高的程度，造成材料破坏，机油结焦，润滑失效。沸腾极限可参考临界热流密度，并建议留出 15% 的临界裕量。

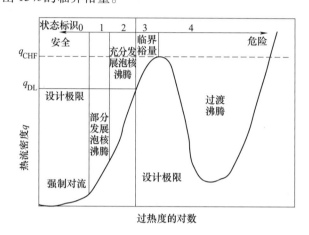

图 5-14　沸腾热流密度变化规律示意图[18]

例 5-4　图 5-15 显示了某重型商用车柴油机在标定转速下缸盖水腔内沸腾传热状态结果，结合图 5-14 分析水腔沸腾传热情况，并思考沸腾传热技术能给内燃机带来哪些进步及面临哪些挑战。

扫码查看
彩图

图 5-15　某缸盖沸腾状态[19]

解　在鼻梁区和排气门附近，冷却水处于部分发展泡核沸腾区。该机型缸盖的热负荷较轻，鼻梁区和排气门附近的沸腾传热不显著。

强制沸腾传热是强化传热的一种常用技术，能有效减少换热面积和降低热负荷，而在内燃机产品中沸腾现象常常是客观存在，却未能合理地开展强制沸腾传热。上述缸盖水腔中的沸腾传热处于部分发展泡核沸腾状态，具有较大的强制沸腾传热潜力。

面临的挑战有内燃机的工况复杂，导致沸腾状态不够稳定；沸腾气泡如何合理地消亡和排出；预测机理还不够准确；内燃机产品的沸腾现象测试和状态判断有一定难度等。对于内燃机这一军工和交通运输等行业的"重器"，战胜这些挑战有可能会促进这些行业的发展。

5.2.2　活塞喷油冷却仿真与设计

1. 活塞喷油冷却概述

对于热负荷较高的活塞，可在活塞头部内侧进行喷油冷却，或者在活塞头部设内部油腔进行振荡冷却。第 3 章中给出了重型车用柴油机活塞采用内腔强制喷油冷却或冷却油腔振荡冷却的依据。强制振荡冷却常在缸套下方的机体位置安装喷油嘴，从主油道通过喷嘴向活塞喷射油束，润滑油通过进油孔进入活塞内冷油腔，冷却活塞后从出油口流出，返回油底壳，如图 5-16 所示。内冷油腔最常用就是闭式和半开式结构，如图 5-17 所示。

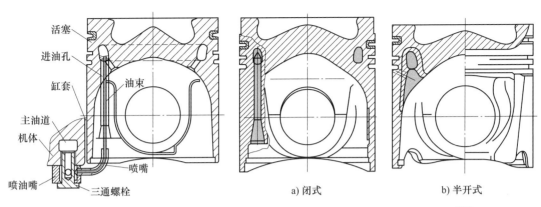

图 5-16　活塞喷油冷却示意图[20]　　　　图 5-17　内冷油腔的两种结构[21]

2. 活塞喷油冷却数学模型

活塞喷油冷却过程是复杂的多相流动过程，润滑油从喷嘴喷入活塞内部的油腔中，曲轴箱和活塞油腔内包含润滑油和空气。由于瞬态喷油冷却计算需要计算多个周期后结果才能稳定，且对网格质量要求又很高，导致计算量非常大。即便使用服务器计算，也常需要一周，甚至更长时间。所以，在工程上 VOF 模型计算量较小，应用相对较多。

空气和润滑油互不混合且具有明显的分界面，适合使用 VOF 模型进行活塞喷油冷却计算。在 VOF 模型中流体物性参数的采用按均相流处理，由冷却油和空气两相共同决定，以单元密度的定义为例：

$$\rho = \sum \alpha_q \rho_q \tag{5-42}$$

式中，α_q 为第 q 相的体积分数；ρ_q 为第 q 相的密度。

相界面通过体积分数方程获得。VOF 模型中假设两相之间具有相同的速度和温度，动量方程和能量方程按照均相流处理。

体积分数方程：

$$\frac{\partial}{\partial t}(\alpha_q) + \frac{\partial}{\partial x_j}(\alpha_q u_j) = 0 \tag{5-43}$$

式中，α_q 为第 q 相的体积分数；u_j 为速度；x_j 代表 x，y，z，$j=1$，2，3；t 为时间。

动量守恒方程：

$$\frac{\partial}{\partial t}(\rho u_j) + \frac{\partial}{\partial x_j}(\rho u_j u_i) = -\frac{\partial p}{\partial x_j} + \frac{\partial}{\partial x_j}\mu\left(\frac{\partial u_i}{\partial x_j} + \frac{\partial u_j}{\partial x_i}\right) + \rho g + F_j \tag{5-44}$$

式中，p 为压力；g 为重力加速度；F_j 为体积力。

能量守恒方程：

$$\frac{\partial}{\partial t}(\rho E) + \frac{\partial}{\partial x_j}[u_j(\rho E + p)] = \frac{\partial}{\partial x_j}\left(k_{\text{eff}} \frac{\partial T}{\partial x_j}\right) \tag{5-45}$$

$$E = \frac{\sum\limits_{q=1}^{n} \alpha_q \rho_q E_q}{\sum\limits_{q=1}^{n} \alpha_q \rho_q}$$

$$T = \frac{\sum\limits_{q=1}^{n} \alpha_q \rho_q T_q}{\sum\limits_{q=1}^{n} \alpha_q \rho_q}$$

式中，k_{eff} 为有效导热系数；E 为能量；T 为温度。

3. 网格模型和边界条件

润滑油从固定在机体上的喷油嘴喷入活塞油腔，由于活塞沿缸套进行往复运动，导致润滑油在内冷油腔内产生振荡，最后经内冷油腔出口流回油底壳。流动区域是由内冷油腔壁面、活塞底面、缸套内壁及喷油嘴入口高度上的进、出口平面包围而成的区域，如图5-18所示。

当进行稳态喷油冷却计算时，可指定活塞具体位置，继而划分静态流场区域网格，比如对静态的打靶试验进行仿真，以及关注具体位置流动分析时可开展稳态喷油冷却计算。

实际内燃机中，活塞在气缸里往复运动，所有的壁面区域全部为运动边界，冷却油进、出口均为静止边界。根据活塞平动的特点，使用动态分层动网格方法，当运动边界拉长距离超过某一指定距离（如2mm）时，就在最外侧网格上将网格划分为两层；当其紧邻的网格层高度缩小2mm时，就将紧邻的两层网格合并为一层。活塞喷油冷却CFD计算网格模型如图5-18所示。

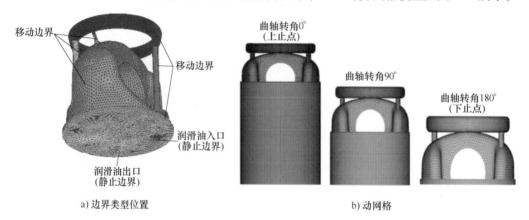

a) 边界类型位置　　　　　　　　　　　　b) 动网格

图5-18　活塞喷油冷却CFD计算网格模型[6,21]

计算条件：初始时，整个流体区域内充满了空气；VOF模型中将空气作为第一相，冷却油作为第二相，入口处，冷却油体积分数为1。喷嘴处入口为流量或者流速边界；压力出口设为0；活塞油腔壁面常分区设置不同温度，如图5-19所示。

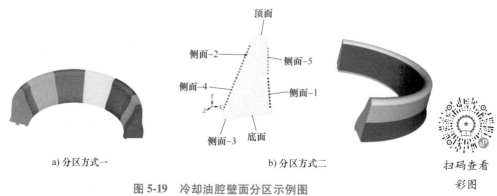

a) 分区方式一　　　　　　　　　　b) 分区方式二　　　　　　　扫码查看彩图

图5-19　冷却油腔壁面分区示例图

4. 活塞强制振荡冷却评价

如果冷却喷嘴的冷却油不能够喷入冷却油道或喷入量小，对活塞的冷却非常不利。因为冷却油腔未能有效散热，大量热集聚在活塞顶部，使活塞顶部、第一环槽的温度过高，造成活塞顶部异常膨胀，会引起活塞拉缸、第一环槽温度升高使润滑油结焦，造成卡环等失效现象。因此，对活塞内冷油腔需要从多方面评价。

（1）喷油进入活塞内冷油腔的比例方面[20]

1）要求活塞在下止点时冷却油能够全部喷入。

2）活塞在上止点时大部分冷却油（80%以上）喷入。

3）一般来说，为了使内冷油腔起到更多的散热作用，从喷油嘴中喷出的润滑油量就应该尽可能多地进入到内冷油腔，从而从油腔的出口处流出，这样就要求动态捕捉率越高越好。一般设计下，要求半开式内冷油腔的捕捉率为 50%~60%[21]。

动态捕捉率 η_F 的计算公式为：

$$\eta_F = \frac{q_{out}}{q_{jet}} \times 100\% \tag{5-46}$$

式中，q_{out} 为内冷油腔出口处的质量流量（在运动的活塞模型上）；q_{jet} 为喷油嘴处的质量流量。

（2）喷油速度方面 喷嘴的喷油速度尽可能不小于活塞运动时的瞬时速度（建议不小于活塞最大速度），不仅仅是额定负荷点，还包括最大转矩点等各工况。注意这里要保证喷油速度，而不仅仅是流量。

在活塞稳态喷油试验或计算时，即使喷油速度较小时也能稳定地喷入油腔，但这与实际工况不符。实际上喷油是瞬态过程，当喷油速度较小，活塞上行速度更高时，喷出的润滑油追不上活塞，润滑油在一段曲轴转角内进入不了内冷油腔，速度差距越大这段曲轴转角越大，甚至从开始落后时刻到上止点位置都追不上活塞，可能导致在活塞上行及上止点附近进油过少。

（3）润滑油在油腔内振荡方面 要提高冷却效果，冷却润滑油相对内冷油腔壁必须有较高的速度，形成紊流（雷诺数在 3000 以上）以提高表面传热系数，所以冷却润滑油必须在油腔内振荡起来。要使冷却润滑油振荡起来，一般采取两种措施[20]：

1）冷却油腔有一定的高度避免扁/圆形设计。

2）油腔内润滑油充入量合理，润滑油充满油腔或充入量过少都不利于活塞的冷却。为充分利用振荡换热，润滑油填充率 ψ_F 不要低于 30%，也不要高于 60%[22]。

$$\psi_F = \frac{V_{oil}}{V_j} \times 100\% \tag{5-47}$$

式中，V_{oil} 为内冷油腔内填充的润滑油体积；V_j 为内冷油腔体积。

详细的振荡形态可通过润滑油体积分数分布等参数查看，如图 5-20 所示，图示结果的柴油机工作在 1000r/min。

由于喷油冷却最终目标还是降低活塞头部温度，避免热负荷过高引起破坏，所以需要结合活塞温度场、应力和疲劳结果评价喷油冷却效果，在喷油冷却仿真中，与喷油冷却效果直

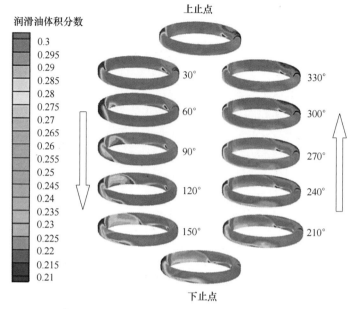

图 5-20　内冷油腔壁面润滑油体积分数分布[21]

扫码查看
彩图

接相关的因素主要是内冷油腔壁面的传热边界，如流体温度和表面传热系数。

习　题

5-1　简述活塞环润滑油耗仿真计算方法和评价内容。

5-2　计算对象为图 5-3 中线性滑块，线性滑块速度 $U=1.0 \mathrm{m/s}$，无量纲最小油膜厚度 $H_1=1.0$，无量纲最大油膜厚度分别为 $H_2=1$，2，3，基于有限差分法，通过 Python 编程获得线性滑块无量纲润滑油膜厚度和油膜压力。

5-3　试思考活塞环-缸套润滑计算与漏气和动力学计算的关联。

5-4　可从哪些方面开展活塞环-缸套润滑评价？

5-5　可从哪些方面开展径向滑动轴承润滑评价？

5-6　可从哪些方面开展活塞强制振荡冷却评价？

5-7　瞬态活塞强制振荡冷如果只计算一个周期，会因为哪些问题导致结果不可靠？

参 考 文 献

[1] 黄志坚，石克发，郭振俊. 冶金设备液压润滑实用技术 [M]. 北京：冶金工业出版社，2006.

[2] 温诗铸，黄平，田煜，等. 摩擦学原理 [M]. 5 版. 北京：清华大学出版社，2018.

[3] 黄平. 润滑数值计算方法 [M]. 北京：高等教育出版社，2012.

[4] 田晔. 柴油机活塞环-缸套摩擦磨损试验研究及基于 LBM 方法的摩擦润滑的数值模拟 [D]. 河北：河北工业大学，2020.

[5] 李骏. 汽车发动机节能减排先进技术 [M]. 北京：北京理工大学出版社，2011.

[6] 刘晓日. 基于流固耦合传热的内燃机润滑摩擦特性研究 [D]. 济南：山东大学，2015.

[7] 李玉杰. 缸套温度规律对活塞组摩擦润滑的影响 [D]. 天津：河北工业大学，2021.

［8］ 中国汽车工业协会. 汽车发动机可靠性试验方法：GB/T 19055—2003［S］. 北京：中国标准出版社，2003.

［9］ 中国工业机械联合会. 非道路用柴油机燃料消耗率限值及试验方法：GB/T 28239—2020［S］. 北京：中国标准出版社，2020.

［10］ 刘郡，张执南，谢友柏. 低黏度润滑油与织构对活塞环-缸套摩擦特性的影响［J］. 上海交通大学学报，2018，52（5）：505-510.

［11］ 刘晓日，李国祥，胡玉平，等. 考虑空穴和微观弹流润滑效应的连杆大头轴承热弹流混合润滑分析［J］. 上海交通大学学报，2015，49（5）：626-632.

［12］ 杨连生. 内燃机设计［M］. 北京：中国农业机械出版社，1981.

［13］ 张盼盼. 柴油机缸套耦合传热的仿真研究［D］. 天津：河北工业大学，2016.

［14］ 董非，苑天林，武志伟，等. 基于 RPI 模型的内燃机冷却水腔内数值模拟研究［J］. 化工学报，2019，70（S2）：250-257.

［15］ 邢鹏. 基于 RPI 模型的内燃机冷却水腔内数值模拟分析［J］. 内燃机与配件，2020（23）：62-63.

［16］ 郑乐乐，熊进标，卢川. 基于 CMFD 模拟的圆管内 DNB 型 CHF 预测［J］. 核科学与工程，2018，38（6）：935-943.

［17］ 张强，李娜，王志明. 车用柴油机缸盖冷却水腔的 CFD 分析［J］. 车用发动机，2005（6）：59-62.

［18］ 刘晓日，李国祥，胡玉平，等. 基于沸腾传热模型的缸盖水腔设计判据［J］. 内燃机工程，2014，35（4）：73-78.

［19］ 刘晓日，黎明，郑清平，等. 考虑沸腾和缸内局部传热的缸盖流固耦合传热分析［J］. 内燃机工程，2017，38（6）：139-144.

［20］ 吴义民，徐传民，徐涛. 活塞内冷油腔及冷却喷嘴初步研究［J］. 内燃机与动力装置，2009（6）：15-18；36.

［21］ 王新. 柴油机活塞内冷油腔换热特性的研究［D］. 淄博：山东理工大学，2015.

［22］ 曹元福，张卫正，杨振宇，等. 活塞开式内冷油腔振荡流动传热特性研究［J］. 汽车工程，2014，36（5）：546-551.

第6章

新能源汽车动力电池系统仿真与设计

本章主要讲解新能源汽车动力电池系统，包括以动力电池为能源的新能源汽车、动力电池分类、锂离子电池结构和工作原理、动力电池系统组成和性能参数；讲解动力电池系统热管理仿真与设计，包括热管理必要性、单电池产热和热状态，以及锂离子动力电池的热管理系统 CFD 仿真与设计；讲解动力电池结构仿真与设计。

6.1 新能源汽车动力电池系统概述

1. 纯电动汽车和混合动力汽车

新能源汽车中使用动力电池为能源的有纯电动汽车和混合动力汽车，按照《节能与新能源汽车技术路线图 2.0》预测，混合动力新车到 2025 年、2030 年、2035 年将占传统能源乘用车的 50% 以上、75% 以上、100%（即完全混合动力化）。新能源汽车到 2025 年、2030 年、2035 年将占总销量的 20% 左右、40% 左右、50% 以上[1]。可见，在乘用车领域（主要是轿车和 SUV 等）混合动力汽车和纯电动汽车将逐步取代仅以内燃机为动力装置的传统汽车。财政部《关于提前下达 2022 年节能减排补助资金预算的通知》中提及新能源汽车补贴资金达 385 亿元，其中包含：2016—2018 年度新能源汽车推广应用补助清算资金 99.84 亿元；2019 年度新能源汽车推广应用补助清算资金 101.85 亿元、2019—2020 年度新能源汽车推广应用补助预拨付资金 183.10 亿元[2]。

我国从国家层面大力发展以动力电池为能源的新能源汽车，可有效减少对化石燃料的消耗和依赖，并降低碳、NO_x 和颗粒物等污染物排放，体现了生态文明建设的决心和力量。

混合动力汽车的动力主要来源于动力电池和内燃机，例如图 6-1 所示的比亚迪 DM-i 超级混合动力

图 6-1　比亚迪 DM-i 超级混合动力系统[3]

系统。

纯电动汽车中没有内燃机，其动力来源于动力电池。图 6-2 所示为特斯拉 Model3 单电池、电池包和电池包在整车的布置情况。特斯拉使用的圆柱形锂离子电池的发展历程为：由使用 18650 锂电池，到使用 2170 锂电池，到使用 4680 锂电池（2023—2024 年）。

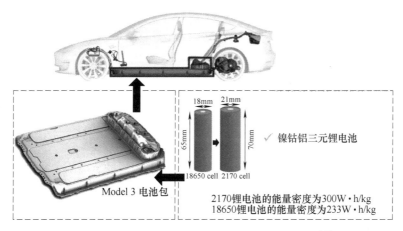

图 6-2　特斯拉 Model3 单电池、电池包和布置[4]

2. 动力电池分类

在电动汽车发展历程中，使用的动力电池从最早的铅酸蓄电池，到镍氢电池，到当前使用的锂离子电池。相比之下，锂离子电池具有寿命长、能量密度高、污染少等优势，广泛应用于纯电动汽车和混合动力汽车中。锂离子电池在车用中最常用的类型为三元锂电池（正极材料常为镍钴锰三元、镍钴铝三元）和磷酸铁锂电池。三元锂电池与磷酸铁锂电池相比，三元锂电池的能量密度高、充电性能强、抗低温性强，但成本高、安全性差、循环寿命短。这两种锂离子电池均广泛应用在电动汽车中。

在动力电池领域，我国的宁德时代、比亚迪，以及韩国 LG 和日本松下等企业为世界领军企业。宁德时代近年来动力电池装机量长期位居全球第一，2021 年宁德时代发布了第一代钠离子电池和锂钠混搭电池包。比亚迪的刀片电池是比亚迪系列纯电动汽车和混合动力汽车具有特色的主要动力装置。

电池包中，电芯按结构分又分为了圆柱形、方形、刀片和软包等形式，如图 6-3 所示。每种形式都有很多企业在研发和生产，其中圆柱形电池的典型厂商有日本松下等，方形电池的典型厂商有宁德时代等，刀片电池的典型厂商有比亚迪等，软包电池的典型厂商有韩国 LG 等。

3. 锂离子电池结构和工作原理

锂离子电池结构如图 6-4 所示。该电池为 18650 圆柱形锂电池，其长为 65mm，直径为 18mm，主要由正极、负极、隔膜、电解液、外壳、安全阀、PTC 元件等组成。

以磷酸铁锂电池为例，电池正极材料为磷酸铁锂（$LiFePO_4$），负极材料常为石墨，外壳材料常为钢壳或铝壳等。隔膜位于正负极之间，常为聚烯烃薄膜，其作用是将正、负极分开，允许锂离子通过，阻止电子通过。电解液一般为溶有 $LiPF_6$ 等锂盐的碳酸酯类溶剂，如

a) 圆柱形　　　b) 方形　　　　　　　c) 刀片　　　　　　d) 软包

图 6-3　电芯按结构分类

碳酸乙烯酯（EC）、碳酸二甲酯（DMC）或碳酸二乙酯（DEC）。正极、负极材料和隔膜均浸在电解液中，充放电过程中在正、负极之间通过电解液输运电荷与锂离子。锂离子电池在首次充电过程中，由于负极材料石墨充电后形成 Li_xC_6 与电解液发生化学反应而在负极表面上形成一层致密的钝化层，该钝化层被称为固体电解质界面（solid electrolyte interface，SEI）膜[5]。

如图 6-5 所示，锂离子（Li^+）电池在充、放电过程中，锂离子以电解液为介质，不断在正、负极材料上嵌入与脱出，实现化学能与电能

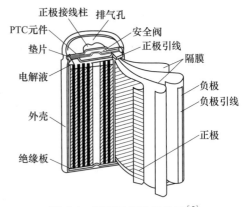

图 6-4　锂离子电池结构图[5]

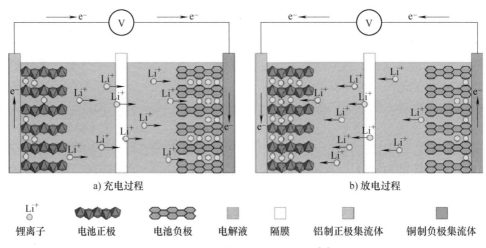

a) 充电过程　　　　　　　　　　　　b) 放电过程

Li^+ 锂离子　　电池正极　　电池负极　　电解液　　隔膜　　铝制正极集流体　　铜制负极集流体

图 6-5　磷酸铁锂电池工作原理[6]

的相互转化。电池充电时，锂离子从电池正极脱离，经过电解液到达电池负极，电池负极是具有多微孔的层状结构，此时锂离子便嵌入负极中；电池放电时，锂离子从电池负极脱离经过电解液嵌入到正极中。以磷酸铁锂电池为例，磷酸铁锂电池充放电过程中发生的反应为[6]：

$$正极：\quad LiFePO_4 \xrightleftharpoons[\text{放电}]{\text{充电}} xLi^+ + xe^- + Li_{1-x}FePO_4$$

$$负极：\quad 6C + xLi^+ + xe^- \xrightleftharpoons[\text{放电}]{\text{充电}} Li_xC_6$$

$$总反应：\quad LiFePO_4 + 6C \xrightleftharpoons[\text{放电}]{\text{充电}} Li_{1-x}FePO_4 + Li_xC_6 \tag{6-1}$$

4. 动力电池系统组成

动力电池系统是一种电能存储装置，其主要功能是通过电能和化学能的相互转换，实现电能的存储和释放。在汽车应用领域，动力电池研究分为三个级别：单电池（也称电芯）、电池模组和电池包。对于车用动力电池系统，通常电动乘用车的由一个电池包构成，电动商用车（尤其是电动大客车）的通常由多个电池包和独立的高压箱组成。例如，BMW i3 动力电池系统有一个电池包，其中一共有 96 个电芯，每 12 个电芯组成一个电池模组，一共有 8 个电池模组。

动力电池系统主要的子部件结构有[7]：

1）电池模组。它主要由单体电池、模组结构件（如端板、侧板、底板、盖板、绝缘、导热部件等）、电池参数检测传感器（如温度/电压采样传感器及线束等）、电气连接部件（如电芯串并联汇流排、模组输出极等）等构成。

2）电池箱体结构组件。它主要由电池箱体（上盖、下壳体）、固定/支撑结构部件（支架、压板/压条等）、密封组件（如密封条）、平衡阀（具有防爆功能）、标准件（如螺栓、螺母、垫片等）等构成。

3）电子电气组件。它主要由电池管理系统、继电器、熔丝（保险丝）、电流传感器、预充电阻、高/低压线束、插接器等构成。

4）热管理系统组件。它主要由冷板、软管、管接头、弹性支撑、电阻丝/加热膜等构成。

5）功能辅件。它主要由平衡防爆阀、卡扣、扎带、密封圈/垫、密封胶、导热胶等构成。

5. 动力电池的性能参数

动力电池的性能参数主要包括以下几个方面：

（1）容量　电池容量表示电池存储电量的大小，是指一定条件下电池放电到截止电压时放出的电量。电池容量由电极的容量决定，若电极的容量不等，则电池的容量取决于容量小的那个电极，而不是正负极容量之和。电池容量的单位为 A·h。

1）理论容量：假设电池中的活性物质全部参与成流反应，依据法拉第定律计算所能给出的电量称为理论容量。理论容量是电池容量的最大极限值。

2）实际容量：指充满电的电池在一定条件下放电到终止电压所能输出的电量。实际容量可以用放电电流与放电时间的乘积表示。

3）额定容量：指按一定标准所规定的放电条件，电池应该放出的最低限度的容量。额定容量由生产厂家明确标示。

（2）电压

1）开路电压：指外电路没有电流流过时电极间的电位差。开路电压为电动势与电极过电位之和。理论充电电压与理论放电电压相等，通常称为开路电压。

2）工作电压：放电电压或负载电压。工作电压与放电时间、放电电流、环境温度和终止电压等因素有关，可表示为开路电压与电流在电池内部阻抗上产生的电压降之和。

（3）内阻　电池在短时间内的稳态模型可以看作一个电压源，其内部阻抗即等效为电压源内阻。内阻的存在使电池的输出电压降低，即电池的工作电压总是小于电动势或开路电压。电池内阻由欧姆电阻和极化电阻两部分组成，在充放电过程中不断变化。内阻过大或过小都不正常，内阻过小可能存在材料枝晶生长和微短路，内阻太大又可能使极板老化、活性物质丧失、容量衰减。

（4）能量　在标准放电条件下，电池所输出的电能称为电池的能量，可以表示为电池的额定电压与容量的乘积，单位为 W·h。

（5）能量密度

1）质量能量密度：也称比能量，是指电池单位质量所能输出的电能，单位为 W·h/kg。质量能量密度与电动汽车的整车质量和续驶里程直接相关，是评价电动汽车动力电池满足设计续驶里程与否的重要指标。

2）体积能量密度：是指电池单位体积（1L）所能输出的电能，单位为 W·h/L。体积能量密度与动力电池的空间布置有关。

（6）功率　电池的功率是在一定的标准所规定的放电条件下，单位时间内电池输出的能量，单位为 W。

（7）功率密度　功率密度是评价动力电池能否满足电动汽车加速与爬坡能力的重要指标。

1）质量功率密度：也称比功率，是指电池单位质量所能输出的功率，单位为 W/kg。

2）体积功率密度：是指电池单位体积（1L）所能输出的功率，单位为 W/L。

（8）荷电状态　荷电状态（state of charge，SOC）：描述电池剩余容量占额定容量的百分比。荷电状态是电池运行的一个重要技术参数。

（9）放电深度　放电深度（depth of discharge，DOD）：描述电池已放出的电量占额定容量的百分比。放电深度越高，电池寿命越短。

（10）充放电倍率　电池在工作中的电流常使用倍率来表示，电池以某电流放电的数值为电池额定容量数值的倍数，常用 C 表示。如额定容量 10A·h 的电池，以 20A 的电流放电，则此时的放电倍率为 $2C$。

（11）循环使用寿命　以电池充电和放电为一个循环，按一定的测试标准，当电池容量降低到某一规定值（额定值的80%）以前，电池经历的充放电循环次数称为循环使用寿命。

随充放电次数增加，动力电池中的化学活性物质会发生老化，充、放电效率降低，乃至部分或完全丧失充、放电能力。

（12）自放电率　充好电的电池在存放期间，虽未与外部负荷相连，但仍会有容量损失。容量下降主要是由负极腐蚀和正极自放电引起的。自放电率是指单位时间内容量降低的百分数。

6.2　动力电池系统热管理仿真与设计

6.2.1　锂离子电池热管理的必要性

电池温度对锂离子动力电池的整体性能影响显著，包括对电池的容量、功率、内阻、充放电效率、安全性和寿命等重要性能参数的影响。

当锂离子动力电池在适宜的工作范围内工作时，随温度升高其内部电解液活性提高，电池的充放电电压和容量增加，锂离子扩散速率增加，电池内阻减小，充放电效率增加。有研究表明，电池内部的化学反应速率与温度呈指数关系，大约每增加 10℃ 化学反应速率将加倍。但温度超过正常工作的温度范围时，会加快电池内部的副反应，这些副反应使电池内部电解液分解，电极发生降解，易造成电池内部结构的不可逆损坏，导致电池性能降低、寿命下降。当温度过低时，锂离子活性较低，迁移速率较低，电池内阻、极化电压增大，充放电功率和容量会显著降低，甚至引起电池容量不可逆衰减。有研究表明，锂电池在 60℃ 时循环寿命仅为 45℃ 时循环寿命的 1/3 左右，寿命衰减显著。[7]

电池箱内温度分布不均匀会造成各电池模块和单体电池性能不均匀，局部高温区老化速率明显快于低温区，随时间的积累不同电池之间的物性差距更加明显，电池之间的一致性变差，甚至局部提前失效，最终危害整个动力电池系统的安全性和寿命。

锂离子动力电池的生热速率与其工作电流呈二次曲线关系，生热速率随电流的增加而急剧增大，尤其是高倍率充电时，温升较大。环境温度较高或高倍率充放电时应采取必要的散热措施，同时控制充放电功率，防止电池过热。在低温环境下，需要对动力电池进行预加热，以维持电池性能。

综上，动力电池热管理是非常有必要的。

6.2.2　锂离子单电池产热和热状态

整个动力电池系统的热来源于单体锂离子电池的产热。因此，锂离子电池产热模型是锂离子动力电池系统热管理仿真的基础。单体锂离子电池工作状态不同时，产热量不同。图6-6 所示为某单体 18650 型车用三元锂电池（在 15℃ 环境温度，2.0C 放电倍率下放电深度达到 0.8 时）的表面

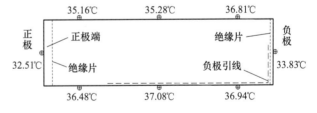

图6-6　某单体 18650 型车用三元锂电池的表面测试温度[8]

测试温度。在持续性放电过程中，电池外表面温度场分布特性为：在轴向上，电池中间温度高于两侧温度；在周向上，电池一侧母线温度高于另一侧母线温度。

1. 锂离子电池产热模型

已有研究表明正常工作的锂离子电池产生的热量 Q（单位 W）主要由反应热、副反应热、焦耳热和极化热组成，即

$$Q = Q_r + Q_s + Q_j + Q_p \tag{6-2}$$

（1）反应热 Q_r　反应热是指锂离子电池在充放电过程中，正负极上发生电化学反应而产生的热量。锂电池在充电过程中反应热为负值，其电化学反应为吸热反应；在放电过程中反应热为正值，其电化学反应为放热反应。其不同形式为：

$$Q_r = 3600 \frac{Q_1 I}{F} \quad \text{或} \quad Q_r = -IT \frac{dE}{dT} \tag{6-3}$$

式中，Q_r 为化学反应中热量的代数和；F 为法拉第常数，$F = 96485.3C/mol$；I 为工作电流（A）；E 为开路电压（V）；T 为电池温度（K）。

（2）副反应热 Q_s　锂离子电池在过充或过放电条件下，会产生副反应热，主要是电解质分解产生的热量，在电动汽车中电池组有专门的电池组管理系统，能很好地避免电池使用过程中的过充与过放行为，因此，副反应热通常忽略不计。

（3）焦耳热 Q_j　锂离子电池内部材料不同，电流通过极柱、电解液、隔膜、SEI 膜等都会有一定的电阻，实际充放电过程中，由于电池内部电阻导致电池产生明显的生热现象，因此电池内部的焦耳热成为电池热量的主要来源。通过焦耳定律可以计算得到：

$$Q_j = I^2 R_e$$

式中，I 为充放电过程中的电流；R_e 为电池内的欧姆电阻。

（4）极化热 Q_p　当电池内部有电流通过时，在电极的表面会发生极化现象，结果就是实际电极的电势偏离平衡电极的电势而产生压差，因为这部分压差而产生的热量就是极化热。极化热的计算公式为：

$$Q_p = I^2 R_p$$

式中，R_p 为极化内阻阻值。

综上，忽略副反应热 Q_s，锂离子电池产生的热量 Q 为：

$$Q = Q_r + Q_j + Q_p = Q_r + I^2(R_e + R_p) = Q_r + I^2 R \tag{6-4}$$

式中，R 为电池总电阻，等于极化内阻 R_p 和欧姆内阻 R_e 的和。

锂离子电池产热率的经典模型为 Bernardi 模型，该模型假设电池内部材料均匀产热，考虑反应热、焦耳热和极化反应热，结合式（6-3）和式（6-4）也可推导出 Bernardi 公式：

$$q = \frac{I}{V}\left(E - U - T\frac{dE}{dT}\right) = \frac{I}{V}\left(IR - T\frac{dE}{dT}\right) \tag{6-5}$$

式中，q 为电池的体积产热率（W/m³），$q = Q/V$；I 为工作电流（A）；V 为电池体积（m³）；U 为工作电压（V）；E 为开路电压（V）；T 为电池温度（K）；R 为电池内阻（Ω）。

新加坡电网实验中心的 Zhang 以不同放电倍率 $0.5C$、$1C$ 和 $1.7C$ 进行仿真，结果表明欧姆热是最大热来源，所占比例高达 54%，大多数欧姆热由锂离子在电解液中的传导阻力产生，而化学反应热和极化热分别占 30% 和 16%[9]。

式（6-4）和式（6-5）在计算锂电池产热率时都有使用，两者区别就是反应热使用式（6-3）时的选择不同。

2. 产热模型中参数来源

由 Bernardi 模型可知，计算电池生热速率的关键在于获得电池的内阻、温度及电动势的温度系数，这些参数可通过试验测试获得。电动势的温度系数需要测试随 SOC 的变化曲线。通过混合脉冲功率特性测试（hybrid pulse power characterization test，HPPC）可以获得不同温度和不同荷电状态下的电池内阻。还可参考已有研究文献中的测试值和规律，如许建青[10]归纳的 18650 磷酸铁锂电池内阻和电动势的温度系数模型。

（1）欧姆内阻和极化内阻模型　在内阻测量试验中，采用 HPPC 方法测量了 45℃、30℃、15℃、0℃、-15℃ 五种温度下、单体锂离子电池在不同 SOC 下的欧姆内阻和极化内阻。HPPC 法的内阻测试结果见表 6-1。

表 6-1 HPPC 法的内阻测试结果

测试项目	内阻种类	SOC					
		0	0.2	0.4	0.6	0.8	1.0
45℃时锂离子单体电池 1C 放电内阻	欧姆内阻/mΩ	24.16	21.03	20.03	20.03	18.76	17.34
	极化内阻/mΩ	67.37	36.81	28.14	24.31	25.01	30.41
	总内阻/mΩ	91.53	57.84	48.17	44.34	43.77	47.75
30℃时锂离子单体电池 1C 放电内阻	欧姆内阻/mΩ	30.70	29.71	30.27	28.86	27.71	28.28
	极化内阻/mΩ	123.08	63.24	41.64	34.53	33.96	37.24
	总内阻/mΩ	153.78	92.75	71.91	63.39	61.67	65.52
15℃时锂离子单体电池 1C 放电内阻	欧姆内阻/mΩ	61.52	52.13	61.27	57.15	56.16	51.87
	极化内阻/mΩ	178.36	130.32	78.31	60.69	54.29	54.65
	总内阻/mΩ	239.88	182.45	139.58	117.84	110.45	106.53
0℃时锂离子单体电池 1C 放电内阻	欧姆内阻/mΩ	—	122.94	129.05	137.43	124.21	120.09
	极化内阻/mΩ	—	322.18	178.93	116.68	106.88	113.83
	总内阻/mΩ	—	445.12	307.98	254.11	231.09	233.92
−15℃时锂离子单体电池 1C 放电内阻	欧姆内阻/mΩ	—	298.88	281.26	265.91	295.47	301.72
	极化内阻/mΩ	—	668.54	403.06	277.42	183.63	182.49
	总内阻/mΩ	—	967.42	684.32	543.33	479.10	484.21

根据表 6-1 HPPC 法的内阻测试结果进行数学拟合，得到欧姆内阻模型和极化内阻模型。

欧姆内阻模型：

$$R_e = -0.000014737 \times T^4 - 0.00025827 \times T^3 \times SOC + 0.1296 \times T^2 \times SOC^2 +$$
$$4.1069 \times T \times SOC^3 + 178.6046 \times SOC^4 - 0.0026 \times T^3 - 0.1331 \times T^2 \times SOC -$$
$$13.111 \times T \times SOC^2 - 529.5147 \times SOC^3 + 0.2216 \times T^2 + 10.2763 \times T \times SOC +$$
$$545.2979 \times SOC^2 - 9.0227 \times T - 226.4564 \times SOC + 157.3588 \qquad (6\text{-}6)$$

极化内阻模型：

$$R_{p0} = -0.000036788 \times T^4 + 0.0050 \times T^3 \times SOC + 0.3497 \times T^2 \times SOC^2 +$$
$$2.4920 \times T \times SOC^3 - 108.0542 \times SOC^4 - 0.0025 \times T^3 - 0.8921 \times T^2 \times SOC -$$
$$30.4096 \times T \times SOC^2 - 13.7151 \times SOC^3 + 0.5673 \times T^2 + 49.5973 \times T \times SOC +$$
$$819.8115 \times SOC^2 - 26.4128 \times T - 1071.7 \times SOC + 488.8188 \qquad (6\text{-}7)$$

式中，T 为电池摄氏温度（℃）；R_e 为欧姆内阻（mΩ）；R_{p0} 为 1C 放电倍率下的电池极化内阻（mΩ）。

电池的极化内阻不仅与电池的温度和 SOC 有关，还与电池的放电电流有关。根据对极化内阻与放电电流变化规律的相关研究，电池不同放电倍率下的极化内阻可通过 1C 放电倍率下的极化内阻乘以某个系数得到：

$$R_p = k_p R_{p0} \qquad (6\text{-}8)$$

式中，R_p 为极化内阻（mΩ）。

根据试验结果计算得到不同温度和放电倍率时系数 k_p 的平均值见表 6-2。

表6-2 不同温度和放电倍率时系数 k_p 的平均值

温度/℃	放电倍率				
	1C	2C	3C	4C	5C
30	1	0.5	0.8	1.1	1.2
15	1	0.5	0.9	0.9	0.9
0	1	0.5	0.8	0.7	0.6
−15	1	0.6	0.4	0.4	0.3

（2）电动势的温度系数 SOC对电动势的温度系数影响显著，而研究表明锂离子电池电动势的温度系数受电池温度的影响很小，可以忽略不计。通过电动势的温度系数测量试验分别测得20℃、10℃下单体锂离子电池电动势 E_1 与 E_2，并计算得到 $\Delta E/\Delta T$，获得不同SOC下电动势的温度系数，见表6-3。

表6-3 电动势的温度系数

SOC	0	0.2	0.4	0.6	0.8	1.0
E_1/V	3.1697	3.2881	3.3097	3.3147	3.3418	3.3497
E_2/V	3.1423	3.2790	3.3083	3.3128	3.3400	3.3473
$(\Delta E/\Delta T)/(\mathrm{mV/K})$	2.74	0.91	0.14	0.19	0.18	0.24

根据表6-3测试结果进行数学拟合，得到电动势的温度系数：

$$\frac{dE}{dT} = 42.969 \times SOC^5 - 102.6 \times SOC^4 + 75.156 \times SOC^3 -$$

$$8.2708 \times SOC^2 - 9.75 \times SOC + 2.74 \qquad (6-9)$$

式中，T 为电池摄氏温度（℃）；$\dfrac{dE}{dT}$ 为电动势的温度系数（mV/K）。

3. 单体电池热状态仿真

锂离子电池热模型分类方法一般按照建模原理、建模维度和对模型参数设置三种方式划分。按照建模维度不同，模型分为零维模型（质量集中模型）、一维模型、二维模型和三维模型；根据对模型中参数设置的不同，锂离子电池热模型分为均一化参数模型和分布式参数化模型；按照建模原理，锂离子电池热模型划分为电化学-热耦合模型、热滥用模型和电-热耦合模型。这里不展开介绍。

当研究目标是动力电池系统热管理，而不是单电池仿真时，可对单体电池热状态仿真作适当简化，对锂离子单电池热状态仿真作以下假设：

1）忽略电池内部的电解液与其他部分的对流传热，认为电池内部的传热过程为导热过程。

2）将电池内部复杂结构简化为均匀整体，电池内部密度、比热容相同，且不受电池温度和SOC等因素影响。

3）电池在三个方向有不同的导热系数且不随电池温度、SOC变化，对于圆柱电池使用柱坐标系，即径向、周向和轴向；对于方向电池使用笛卡儿坐标系，即 x，y，z 三个方向，其他类型根据实际结构情况确定。

4）电池工作过程内部生热速率均一。

根据假设 1），电池内部传热形式只有热传导，传热计算方程为

$$\rho c_p \frac{\partial T}{\partial t} = \lambda_x \frac{\partial^2 T}{\partial x^2} + \lambda_y \frac{\partial^2 T}{\partial y^2} + \lambda_z \frac{\partial^2 T}{\partial z^2} + q \tag{6-10}$$

式中，T 为电池温度；ρ 为电池密度；c_p 为电池比热容；q 为锂离子电池单位体积产热速率，是电池传热的热源项，通过锂离子电池产热模型式（6-5）获得；λ_x、λ_y、λ_z 分别为锂离子电池在三维正交方向上的导热系数。

电池密度通过质量除以体积获得，质量采用天平测得，体积通过几何测量获得。

电池比热容可以使用量热计测定，也可以通过理论计算利用加权平均的方法得出，其计算公式为

$$c_p = \frac{1}{m} \sum_i c_i m_i$$

式中，m 为单体电池质量；m_i、c_i 分别为电池中每种材料的质量、比热容。

对于导热系数的确定，圆柱电池沿径向的导热性能可看作是内部各材料导热热阻的串联组合，沿周向和轴向看作是内部各材料导热热阻的并联组合；方形电池正负极方向上看作是导热热阻的串联组合，另外两个方向看作是导热热阻的并联组合。其他类型根据实际结构情况确定。磷酸铁锂方形电池内部叠层状结构如图 6-7 所示。

串联过程：
$$\lambda_s = \frac{L_s}{\displaystyle\sum_{i=1} \frac{L_{si}}{\lambda_{si}}}$$

并联过程：
$$\lambda_p = \sum_{i=1} \frac{\lambda_{pi} A_{pi}}{A_p}$$

式中，λ_s 为单电池串联导热系数；L_s 为串联方向的电池尺寸；L_{si} 为第 i 层材料在串联方向的厚度；λ_{si} 为第 i 层串联材料的导热系数；λ_p 为单电池并联导热系数；A_p 为并联方向的电池面积；A_{pi} 为第 i 层材料在并联方向的面积；λ_{pi} 为第 i 层并联材料的导热系数。

划分单体电池网格，如图 6-8 所示。初始温度和边界条件根据单体电池所处实际工作情

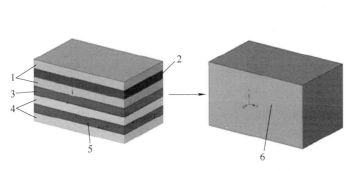

图 6-7　磷酸铁锂方形电池内部叠层状结构[11]

1—磷酸铁锂涂层　2—铝箔　3—隔膜与电解液

4—铜箔　5—石墨涂层　6—电池内核

图 6-8　单体电池网格

况和环境设定，如初始温度设为室温。自然对流传热时，表面传热系数的经验值为 5W/(m²·K)；一般强度的强制对流传热时，表面传热系数的经验值为 10W/(m²·K)；高强度的强制对流传热时，表面传热系数经验值为 25W/(m²·K)。在电池单体放电温升特性测量试验中，电池正负极端面用金属圆柱夹住固定，圆柱上下底面通过等效表面传热系数来考虑 [如 100W/(m²·K)]。计算完成得到的单体电池温度场应通过单体电池温升试验进行验证，图 6-9 所示为 18650 磷酸铁锂电池 30℃放电温升试验与仿真对比。

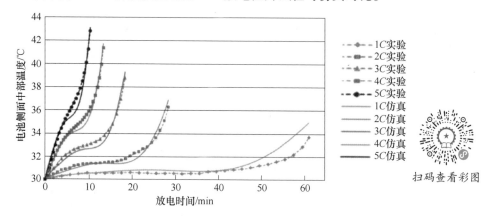

扫码查看彩图

图 6-9　18650 磷酸铁锂电池 30℃放电温升试验与仿真对比[10]

6.2.3　锂离子动力电池的热管理系统 CFD 仿真与设计

1. 热管理系统分类

锂离子动力电池热管理系统包括冷却、加热和保温等系统，其中冷却系统的设计和仿真最为重要和复杂。动力电池冷却系统根据冷却介质可以分为空气冷却、液体冷却和相变材料冷却，如图 6-10～图 6-12 所示。动力电池冷却系统根据能量消耗来源分为被动冷却（即仅限于使用周围环境）和主动冷却（内置源在低温或高温下提供加热或冷却）。动力电池冷却系统根据冷却介质和电池表面接触与否分为直冷与非直冷。动力电池冷却系统根据电池排列方式分为串行、并行、串行+并行、交叉等（图 6-13）。此外，还有关于热管冷却、热电冷却、喷雾冷却、使用水凝胶等方式的研究。

锂离子动力电池在环境温度较低进行充电时，常见的加热方式有电加热膜加热、PTC（positive temperature coefficient）加热和液热。保温主要通过保温材料实现，如聚苯乙烯、隔热棉、气凝胶毡、真空隔热板等。

2. 热管理系统设计目标和评价

（1）冷却设计目标和评价

1）确保电芯的工作温度合适。动力电池的工作温度范围为 20～40℃，最高不超过 45℃。动力电池系统在-20～60℃外部环境中应能正常工作。

2）不同电芯间的工作温度应均匀，温差应小。电池单体间的温度差应小于 5℃。

3）控制冷却系统流动压降。液冷系统压降一般控制在 20～30kPa，圆柱电芯的电池液冷系统压降一般在 60～70kPa。

（2）低温时的加热设计目标和评价

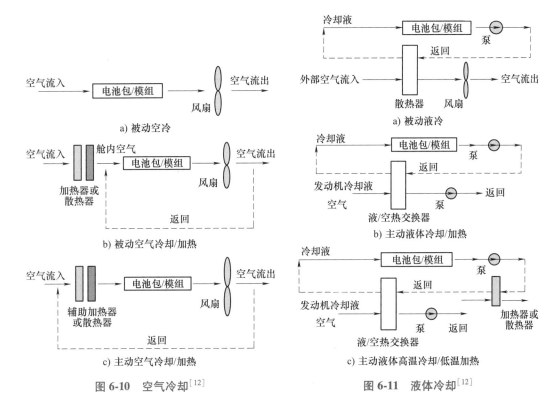

a) 被动空冷

b) 被动空气冷却/加热

c) 主动空气冷却/加热

图 6-10 空气冷却[12]

a) 被动液冷

b) 主动液体冷却/加热

c) 主动液体高温冷却/低温加热

图 6-11 液体冷却[12]

图 6-12 相变材料冷却（以纯石蜡为例）[13]

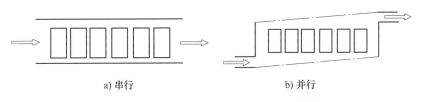

a) 串行

b) 并行

图 6-13 强制风冷的串行和并行布置[12]

1）控制加热过程升温速率和单体电池间的温差。加热系统一般要求单体电池升温速率在 0.15~0.8℃/min 范围内，单体电池间的温差控制在 10~15℃ 以内。

2）控制加热系统干烧温度。加热系统的干烧温度控制在 65℃ 以下。

3）控制保温效果。例如，非工作状态下，电池原始温度为 40℃，长期暴露在 -15℃ 环境下，电池单体温度降低到 0℃ 的时间≥6h。

3. 动力电池模组和电池包的热状态和冷却仿真和设计

（1）冷却方式的选择与动力电池仿真　热管理系统设计中，需要根据实际情况选择合适的冷却方式：

1）根据电池包运行工况，获取单体电池的产热功率随时间变化的曲线。

2）提出对电池单体温度和对单体电池间温度控制的要求。

3）进行不同环境温度和放电倍率下的单体电池传热仿真计算，获得不同表面传热系数下单体电池温度。

4）根据仿真结果和对单体电池的温度要求，结合不同冷却方式的冷却效率，大致确定一种或几种可选的冷却方式。常见冷却方式的冷却效率对比见表6-4。

表6-4　常见冷却方式的冷却效率对比[7]

冷却方式	表面传热系数/[W/(m²·K)]	表面热流密度/(W/cm²，与环境温差10℃)
空气自然冷却	5~25	0.005~0.0025
空气强制冷却	25~100	0.025~0.15
液体强制冷却	500~15000	0.5~15
相变冷却	2500~25000	2.5~25

5）进行电池模组热状态和冷却仿真计算，结合单体电池温度、电池间温差、流动压力损失等结果，更为准确地选择冷却方式，以及具体冷却结构形式、尺寸和冷却参数等。

6）进行电池包仿真和设计，最终选出合适的冷却方式。需注意一个电池包中的不同的模组可以选择不同的冷却形式和参数。例如，图6-14所示为某款电池包（含288个单体电芯）和三种模组。1个3P9S模组C、2个3P4S模组A和1个3P7S模组B形成一列电池，4列这样的电池依次排列构成该电池包。

电池包单体电芯数 = 4 × (模组C电芯数 + 模组A电芯数 × 2 + 模组B电芯数)
= 4 × (3 × 9 + 3 × 4 × 2 + 3 × 7)
= 288

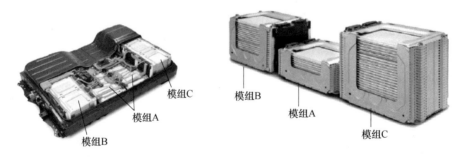

图6-14　某款电池包和三种模组[14]

选择电池模组和电池包级别的冷却方式时，除了对单体电池温度、电池间温差、流动压力损失等要求，还需要综合考虑空间尺寸、重量、可靠性、耐久性和成本等要求。

（2）电池模组和电池包　动力电池模组和电池包的热状态的仿真常为流固传热耦合计算，流体侧计算 Re 判断流动状态为层流或湍流，根据流动状态选择使用层流模型或湍流模型（如 $k\text{-}\varepsilon$ 湍流模型）；电池按固体导热计算见式（6-10），并以单体电池单位体积产热速率为源项，见本章前文中式（6-5）和"产热模型中参数来源"。

当组成电池包的电池模组不同时，可先分别进行各个电池模组的热状态和冷却仿真计算和设计选型，根据不同冷却方式计算各个电池模组的温度场，获得单个电池模组内的最高温度和单体电池间温差结果，根据动力电池的工作温度范围为 20~40℃、电池单体间的温度差应小于5℃等指标评价单个模组的冷却方式设计是否合理。

当各个电池模组完成热状态和冷却仿真计算及设计选型后，进行整个电池包热状态和冷却仿真计算，根据电池包热管理效果来确定最终的冷却形式是否需要进一步优化。根据以下指标评价电池包的冷却方式设计是否合理：

1）动力电池的工作温度范围为 20~40℃。

2）电池单体间的温度差应小于5℃。

3）液冷系统压降一般控制在 20~30kPa，对于圆柱电芯的电池液冷系统压降一般在 60~70kPa 等。

例6-1 图6-15 为图6-14 某车型电池包中模组 B 的不同冷却方式仿真结果，计算工况为 35℃ 环境温度，以 3C 放电倍率放电。

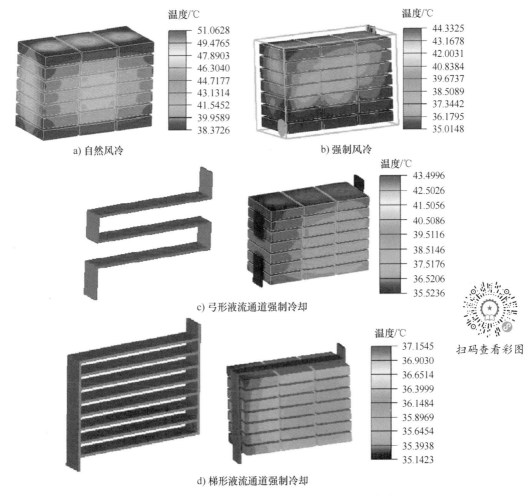

图6-15 某车型电池包中模组 B 的不同冷却方式仿真结果[14]

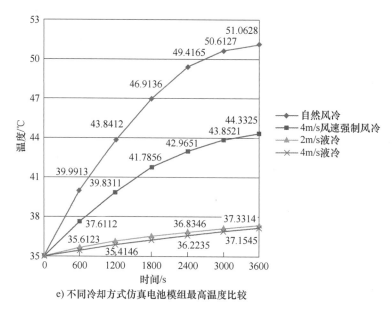

e) 不同冷却方式仿真电池模组最高温度比较

图 6-15　某车型电池包中模组 B 的不同冷却方式仿真结果[14]**（续）**

图 6-15a 为自然风冷；图 6-15b 为斜对置式强制风冷，风速为 4m/s；图 6-15c 为弓形液流通道强制冷却，流速为 2m/s；图 6-15d 为梯形液流通道强制冷却，流速为 2m/s；图 6-15e 为不同冷却方式仿真电池模组最高温度比较，其中 2m/s 和 4m/s 液冷是梯形流道结果。液冷介质为水和乙二醇的混合液。试根据图 6-15 分析仿真结果，并说明冷却方式和结构设计如何选择。

解　电池模组最高温度：自然风冷为 51.0628℃、强制风冷为 44.3325℃、弓形液流通道强制冷却为 43.4996℃，均超出了动力电池的工作温度范围（20~40℃）。

同样为液冷，梯形液流通道强制冷却最高温度为 37.1545℃，处于正常工作温度范围，并且明显低于弓形通道。

从图 6-15e 可见，梯形液流通道强制冷却 2m/s 和 4m/s 电池模组最高温度基本相同，说明当表面传热系数和传热接触面积一定、冷却水流速达到一定数值时，散热效果趋于稳定，此时再增大冷却水流速对于散热效率的提高效果很微小，而且会增大成本。

从图 6-15d 可见，梯形液流通道强制冷却下，整个电池模组的最高温度和最低温度间相差 2℃，符合电池单体间的温度差应小于 5℃ 的要求。其他冷却形式温差均超标。

综上应选择 2m/s 梯形液流通道强制冷却方案对模组 B 进行冷却。

从上述研究结果看，不同冷却方式下动力电池的最高温度和单体电池间温差的差别显著。企业产品研发人员对不同冷却方式的选择，直接影响到动力电池产品能否正常安全的工作，作为研发人员应当更加专业、有责任心、有担当。

6.3　动力电池结构仿真与设计

内燃机零部件结构仿真中，零部件受到很大的缸内气体载荷和惯性力载荷等作用，振动和疲劳设计非常复杂且严格。与内燃机不同，动力电池包在工作时没有燃烧爆发压力和零部件运动引起的惯性力作用，其结构仿真的载荷来源是根据其行驶状态和行驶路况确定的。动力电池包结构静强度仿真的计算工况有弯曲工况、紧急制动工况、转弯工况、垂直极限工况、扭转工况，以及多种工况的组合静强度计算，与车架静强度仿真计算的工况基本一致。此外，对动力电池包还有冲击仿真、挤压仿真、随机振动疲劳仿真等，这里仅对电池包结构静强度仿真进行介绍。

电池箱体结构组件包括上壳体、下壳体和吊耳等，如图 6-16a 所示。其内部有电池模组、电子电气组件等部件，悬挂在底盘下方。电池包网格模型如图 6-16b 所示，在吊耳位置进行位移约束。

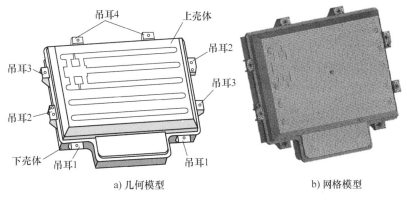

a) 几何模型　　　　　　　　　　　b) 网格模型

图 6-16 电池包模型[15]

1）弯曲工况静强度仿真模拟的是汽车静止状态或者匀速行驶且路面平坦的情况，电池包仅在竖直方向上受自身重力作用。在计算网格中的载荷施加方式是对所有网格的体单元施加 $1g$ 的重力加速度，也就是 9.8m/s^2。由于仿真计算常使用 mm 为单位，所以会使用 $1g = 9800 \text{mm/s}^2$ 作为计算输入数据。

2）紧急制动工况静强度仿真模拟的是汽车紧急制动时的情况，电池包除受自身重力外，还受到汽车纵向上的制动加速度影响。在计算网格中的载荷施加方式是对所有体单元施加 $1g$ 的重力加速度，同时在汽车行驶方向的反方向对所有体单元施加制动加速度 a_b，制动加速度可通过 $a_b = v^2/(2S_b)$ 计算，其中，v 为行驶速度，S_b 为制动踏板处于最大行程所得制动距离。

3）转弯工况静强度仿真模拟的是汽车高速转弯时的情况，电池包除受自身重力外，在汽车横向上还受到汽车离心力作用。在计算网格中的载荷施加方式是对所有体单元施加 $1g$ 的重力加速度，同时在汽车离心力方向对所有体单元施加转弯离心加速度 a_c，转弯离心加速度可通过 $a_c = v^2/R_c$ 计算，其中，v 为行驶速度，R_c 为转弯半径。

4）垂直极限工况静强度仿真模拟的是汽车在凹凸不平路面上颠簸行驶的情况，电池包除受自身重力外，由于路面颠簸汽车在垂直方向上还额外受到自由落体加速度的影响。在计算网格中的载荷施加方式是对所有体单元施加沿重力方向的 $2g$ 加速度。

5）扭转工况静强度仿真模拟的是在凹凸不平路面上汽车一个车轮悬空的情况，仿真时将悬空车轮的约束自由度释放，同时保持其他车轮的约束，基于汽车满载状态施加重力加速度进行计算。对于电池包，可以考虑将电池包与车架联合在一起建立模型进行仿真。

例 6-2　图 6-17 所示为电池包在"颠簸路面"+"急转弯工况"组合工况下的动力电池静强度仿真计算结果。试说明其仿真计算过程，并对图 6-17 进行结果分析。其中，急转弯加速度为 4.5g，下壳体与吊耳由 DC01 板液压成型，材料屈服强度为 210MPa。

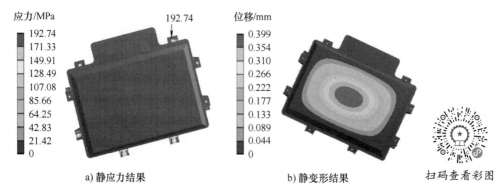

a）静应力结果　　　　　　　　b）静变形结果　　　　　　　扫码查看彩图

图 6-17　动力电池静强度仿真结果[15]

解　（1）计算过程说明

1）简化电池包几何模型，划分网格模型。

2）对不同零部件赋材料参数。

3）在吊耳位置进行位移约束。

4）对所有体网格施加重力方向 2g 加速度（包括 1g 重力加速度和由颠簸引起的 1g 自由落体加速度），同时在汽车横向施加 4.5g 离心加速度。

5）提交计算获得静应力和静变形计算结果（图 6-17），结合材料强度判断静强度是否符合要求。

（2）结果分析　电池包的最大应力为 192.74MPa，位于电池包右前侧吊耳处，小于 DC01 材料屈服强度 210MPa；最大变形为 0.399mm，位于上壳体中心。

习　　题

6-1　分别列举一下你知道的新能源汽车企业以及动力电池企业。

6-2　使用软件（如 Fluent）进行单体电池热状态仿真计算。

6-3　使用 Python 语言对表 6-3 电动势的温度系数进行拟合，并给出拟合优度 R^2 结果。

6-4　说明动力电池热管理系统设计目标和评价指标。

6-5　说明动力电池包结构静强度仿真的计算工况及其载荷形式。

参 考 文 献

［1］中国汽车工程学会．节能与新能源汽车技术路线图 2.0［M］．2 版．北京：机械工业出版社，2020.

［2］财政部．关于提前下达 2022 年节能减排补助资金预算的通知［R/OL］．（2021-11-16）［2022-07-21］. http：//jjs. mof. gov. cn/zxzyzf/jnjpbzzj/202111/t20211116_3766006. htm.

［3］比亚迪官网［Z/OL］．［2022-03-22］. https：//www. bydauto. com. cn/brandRelated/？ id＝3.

［4］特斯拉 Model3 的三电系统给我们哪些启发？［EB/OL］．（2019-01-06）［2022-03-22］. https://

www. sohu. com/a/288130885_806671.

［5］肖浚仿. 纯电动轿车基础［M］. 武汉：湖北科学技术出版社，2018.

［6］吕山. 纯电动汽车动力电池热管理系统优化研究［D］. 重庆：重庆大学，2018.

［7］王芳，夏军. 电动汽车动力电池系统设计与制造技术［M］. 北京：科学出版社，2017.

［8］梅盼. 锂离子动力电池热状态仿真及瞬时热特性研究［D］. 杭州：浙江大学，2019.

［9］刘岸晖，甘小燕，何佩芸，等. 锂离子电池热模型的研究动态［J］. 电源学报，2019，17（1）：95-103.

［10］许建青. 锂离子动力电池热状态研究［D］. 杭州：浙江大学，2016.

［11］寇金宝. 某纯电动车动力电池箱的热分析及散热研究［D］. 天津：河北工业大学，2018.

［12］RAO Z，WANG S. A review of power battery thermal energy management［J］. Renewable & Sustainable Energy Reviews，2011，15（9）：4554-4571.

［13］TETE P R，GUPTA M M，JOSHI S S. Developments in battery thermal management systems for electric vehicles：a technical review［J］. The Journal of Energy Storage，2021，35：102255.

［14］张凯. 纯电动汽车锂离子动力电池散热结构设计及仿真研究［D］. 西安：长安大学，2019.

［15］刘娜，高媛媛，崔长青，等. 车载动力电池包有限元分析及结构优化［J］. 内燃机与动力装置，2021，38（4）：26-30.

第7章

新能源汽车燃料电池系统仿真与设计

本章将讲解新能源汽车燃料电池系统，包括氢燃料电池汽车动力系统和质子交换膜氢燃料电池发动机的组成和基本原理，以及单电池性能参数；讲解氢燃料电池的水热管理仿真与设计，包括水状态和热状态，水热管理仿真的方法、网格、基本参数和结果；讲解双极板结构设计。

7.1 新能源汽车燃料电池系统概述

7.1.1 氢燃料电池汽车与质子交换膜氢燃料电池发动机

新能源燃料电池汽车使用氢气作为能源。氢在自然界的来源丰富、可再生，燃烧热值高，是汽油的 3 倍。氢燃烧的产物是水，因此有效地避免了对空气的污染。按照《节能与新能源汽车技术路线图 2.0》要求，预计到 2025 年我国氢燃料电池汽车保有量达到 10 万辆左右，到 2035 年氢燃料电池汽车保有量达到 100 万辆左右[1]。据统计 2021 年我国燃料电池汽车市场产销分别完成 1777 辆和 1586 辆[2]；2021 年，全球氢燃料电池汽车总销量超 1.7 万辆，同比增长 83.0%。根据国际氢能委员会发布的预测数据，2050 年，氢能源将承担全球 18% 的能源需求，有望创造超过 2.5 万亿美元的市场，燃料电池汽车将占据全球车辆的 20%~25%[3]。虽然氢燃料电池汽车销量和保有量还很少，但是可以预见，氢燃料电池汽车在未来会有极大的发展。

燃料电池种类多样，包括质子交换膜燃料电池（proton exchange membrane fuel cell, PEMFC）、固体氧化物燃料电池（Solid oxide fuel cell）、熔融碳酸盐燃料电池（molten carbonate fuel cell, MCFC）、碱性燃料电池和磷酸盐燃料电池等。其中，质子交换膜燃料电池在燃料电池车辆领域中技术成熟度最高、应用最广泛，具有工作温度较低、启停响应快、质量功率密度和反应效率高的优点，生成产物为水。质子交换膜燃料电池被视为未来重要的清洁能源动力形式之一。此外，作为车用动力装置具有较强竞争力的还有固体氧化物燃料电池。

图 7-1 所示为奔驰 GLC F-CELL 氢燃料电池汽车动力系统，燃料电池系统是汽车电能的

主要来源，但通常也带有小型锂电池用于制动能量回收和加速时辅助供电等。纯电动汽车动力电池的电能是通过外部充电后储存在动力电池中，而氢燃料电池的燃料氢气需要储存在汽车上的储氢瓶里，类似于传统汽车的油箱储油。

图 7-1　奔驰 GLC F-CELL 氢燃料电池汽车动力系统[4]

图 7-2 所示为氢燃料电池发动机示意图。在汽车中燃料电池不是以一个单电池形式工作，而是以氢燃料电池系统（或称为氢燃料电池发动机）的形式存在。质子交换膜氢燃料电池发动机包括燃料电池堆、氢气供给系统、氧气（或空气）供给系统、热管理系统和控制系统等，其中燃料电池堆由多个单体燃料电池组成。内燃机中也存在进气系统、热管理系统和控制系统等，燃料电池发动机与内燃机的外部系统和工作方式有所类似。图 7-3 所示为 CHIGMA120 氢燃料电池系统，额定功率为 125kW。

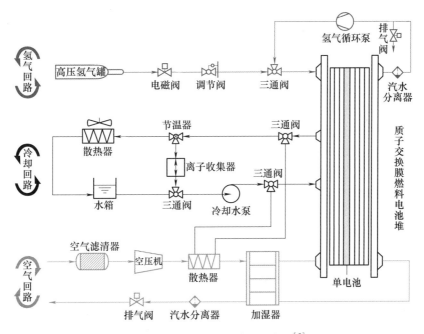

图 7-2　氢燃料电池发动机示意图[5]

2019 年 12 月中国内燃机学会成立了中国内燃机学会燃料电池发动机分会，2021 年以潍柴动力为牵头单位建立了国家燃料电池技术创新中心。内燃机的学者、企业在致力于内燃机

名称	参数
额定功率/kW	125
冷启动温度/℃	−30
额定电压/V	320
质量功率密度/(W/kg)	715
外廓尺寸/mm（长×宽×高）	1200×625×500
质量/kg	173
防护等级	IP67

图 7-3　CHIGMA120 氢燃料电池系统实物[6]

高热效率和节能减排研究的同时，也发展成为我国氢燃料电池研发和产业化的中坚力量。2019 年 10 月在跨国公司领导人青岛峰会"国际化与开放合作"山东重工专场论坛上，有专家指出：在重卡领域，未来长途运输会以重型柴油车为主，短途可能逐步被混动取代。而由于法规要求和客户需要，燃料电池发动机可成为未来重型汽车的一个终极技术路线[7]。

7.1.2　质子交换膜燃料电池结构和工作原理

　　图 7-4 所示为质子交换膜燃料电池典型结构和工作原理示意图。质子交换膜燃料电池结构包括双极板和膜电极。膜电极包括质子交换膜、阳极电极和阴极电极。阳极电极和阴极电极又分别包含气体扩散层和催化层。阳极板中的气体流道流通的是氢气，阴极板的气体流道中通的是氧气或空气，两侧气体分别透过阳极气体扩散层和阴极气体扩散层进入到阳极催化层与阴极催化层。中间的一层是质子交换膜，质子交换膜阻止电子通过，允许质子和水通过。在中大功率的电堆中还存在冷却液流道，用于燃料电池的散热。

　　典型的质子交换膜燃料电池的反应式为

图 7-4　质子交换膜燃料电池典型结构和工作原理[8]

阳极侧
$$H_2 \rightarrow 2H^+ + 2e^- \tag{7-1}$$

阴极侧
$$\frac{1}{2}O_2 + 2H^+ + 2e^- \rightarrow H_2O \tag{7-2}$$

总反应
$$H_2(气态) + \frac{1}{2}O_2(气态) \rightarrow H_2O(液态) + 电能 + 余热 \tag{7-3}$$

阳极侧：将氢气供给到阳极板流道，氢气通过阳极气体扩散层到达阳极催化层，氢气在阳极催化剂的催化作用下，分解为质子 H^+ 与电子 e^-，质子 H^+ 通过质子交换膜后向阴极催化层传输，同时电子 e^- 通过能导电的气体扩散层及双极板结构传至外电路，最终抵达阴极催化层。

阴极侧：将氧气或空气供给到阴极板流道，氧气和外电路传递的电子 e^- 通过阴极气体扩散层到达阴极催化层，氧气、质子 H^+ 和电子 e^- 在阴极催化剂的催化作用下反应生成水。

总反应：由于阳极侧反应式（7-1）吸热反应较弱，阴极侧反应式（7-2）放热反应强，所以燃料电池总反应式（7-3）中在氢气和氧气生成水的同时，除了产生电能，还会产生余热。

燃料电池堆由多个单电池、端板、绝缘板、集流板、密封胶线和紧固件等组成，如图7-5 所示。单电池包括双极板和膜电极，双极板与膜电极交错堆叠串联组成电堆。表7-1 为某 PEMFC 主要结构厚度。以下结合质子交换膜燃料电池工作原理，对其单电池中主要结构的材料和作用进行介绍。

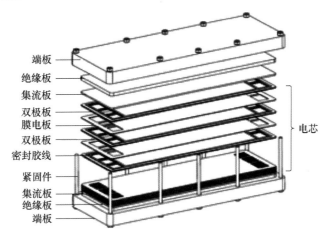

图 7-5　质子交换膜燃料电池堆结构示意图[9]

表 7-1　某 PEMFC 主要结构厚度[10]

结构	极板	气体扩散层	催化层	质子交换膜
厚度/mm	2	0.2	0.01	0.025

（1）双极板　极板起到提供气体流道、排出水、支撑膜电极和传导电流等作用。双极板的流场结构设计对燃料电池水热管理有重要影响。常用的双极板有石墨双极板、表面改性金属双极板和复合双极板等。其中，表面改性金属双极板基体材料为铝、镍、钛和不锈钢等。表面材料分两类，一类是以碳为主，如石墨和导电聚合物等；另一类是金属及其化合物，如贵金属、金属碳化物和金属氧化物等。复合双极板材料一般由高分子树脂基体和石墨等导电填料组成，其中，树脂作为增强剂和粘接剂，不仅可增强石墨板的强度，还可以提高石墨板的阻气性[11]。

（2）质子交换膜　质子交换膜是保证燃料电池可以正常运行的关键部件。在燃料电池中氢质子 H^+ 要穿过该膜到达阴极区域去和氧气发生反应，在此过程中电子则要传递到外电路中为负载供应电能。故而要求质子交换膜的材料不仅要保证高质子传导性与低电子传导性，并要能有效地隔绝阴极与阳极区域的反应物，具有较好的化学稳定性与机械稳定性。质子交换膜常为全氟磺酸型质子交换膜，如 Nafion 膜。

（3）催化层 催化层为包含电解质和催化剂的多孔介质结构，是燃料电池阴阳极区域进行电化学反应的场所，内部的多孔性可提高催化层比表面积，为氧气和氢气进行电化学反应提供更大的反应场所。在阳极催化层位置，氢燃料分解成电子和质子；在阴极催化层，质子和氧气结合形成水。所用催化剂常为铂/碳催化剂。

（4）气体扩散层 气体扩散层由支撑层和微孔层组成。支撑层是气体扩散层中具有支撑作用的多孔基层，材料常为碳纤维纸、碳纤维布等。收集电子 e⁻ 时，支撑层允许氢气和氧气穿过，及时排出液态水，对催化层起支撑作用。微孔层是处于催化层和支撑层之间，促进反应气及反应产物有效传递和分配的多孔薄层。也有研究者把微孔层单独拿出来与气体扩散层并列作为两个主要结构，这里根据 GB/T 20042.1—2017《质子交换膜燃料电池 第 1 部分：术语》将气体扩散层分成支撑层和微孔层[12]。

表面的微孔层可通过高分子粘结剂结合。微孔层通常由碳材料与粘结剂构成。碳材料提供微孔层的骨架并承担导电性能，粘结剂使微孔层的结构稳定，并改变微孔层的亲疏水性能[12]。微孔层对水管理有重要作用。

（5）端板 端板位于电堆两端，其作用为施加压紧力固定电堆各层，常用材料为不锈钢、石墨、聚乙烯、聚氟乙烯等。

（6）集流板 集流板位于电堆两端，用来传导电堆所产生电流。

（7）绝缘板 绝缘板位于集流板和端板之间，用于实现电隔离。

7.1.3 燃料电池的单电池性能参数

PEMFC 的功率密度曲线和极化曲线是判断燃料电池性能的重要指标，图 7-6 为典型 PEMFC 的极化曲线和功率密度组合图。

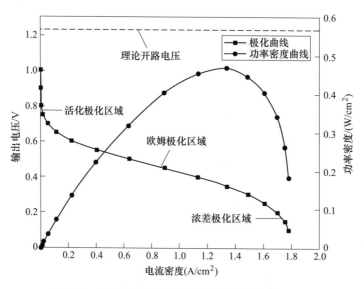

图 7-6 典型 PEMFC 的极化曲线和功率密度组合图

（1）燃料电池的可逆电压（理论开路电压）

焓：

$$H = U + pV$$

恒压条件下，焓变：

$$\Delta H = \Delta Q \tag{7-4}$$

式中，U 为内能；Q 为系统从环境的吸热量；p 为压力；V 为体积。

在恒压条件下，系统的焓变是恒压反应热。当 $\Delta H < 0$ 时为放热反应，焓变则代表系统化学反应放出的热量；当 $\Delta H > 0$ 时为吸热反应，焓变则代表系统化学反应吸收的热量。氢氧燃料电池总反应为放热反应，焓变给出了电池能够放出的最大热量，而这些热量可以转化的最大输出电功等于负的吉布斯自由能变。

吉布斯自由能：

$$G = U + pV - T = H - TS$$

恒温条件下，吉布斯自由能变：

$$\Delta G = \Delta H - T\Delta S = -W_e \tag{7-5}$$

式中，W_e 为最大输出电功；U 为内能；p 为压力；V 为体积；T 为温度；S 为熵。

由式（7-5）可知，恒温恒压条件下，热能在转换成输出电功时，差值为 $T\Delta S$。而对于不可逆过程存在熵增，所以输出电功总要小于系统所产出热能。

燃料电池的电压为其重要性能参数，建立反应可逆条件下的电池可逆电压 E_r 与吉布斯自由能变 ΔG 的数学关系式：

$$E_r = -\frac{\Delta G}{nF} \tag{7-6}$$

式中，E_r 为可逆电压，也是燃料电池的理论开路电压；ΔG 为吉布斯自由能变；n 为化学反应电子数；F 为法拉第常数，$F = 96485C \cdot mol^{-1}$。

标准状态（25℃，101325Pa）下，氢氧燃料电池的可逆电压 E_r^0 为

$$E_r^0 = -\frac{dG_r^0}{nF} = -\frac{-237.3kJ/mol}{2mol \times 96485C/mol} = 1.23V$$

式中，G_r^0 为标准状态下的吉布斯自由能（kJ/mol），根据式（7-1）~式（7-3），1mol H_2 发生反应传输 2mol e^-，所以 $n = 2$；式（7-5）的吉布斯自由能变为 $-237.3kJ/mol$。在标准状态的压力和温度下，$E_r^0 = 1.23V$ 是氢氧燃料电池可获得的最大电压。

（2）极化曲线 极化曲线的横坐标为电流密度，纵坐标为燃料电池的输出电压。

电流密度 i 表示燃料电池单位电极活性面积上的输出电流：

$$i = \frac{I}{A_a} \tag{7-7}$$

式中，i 为电流密度（A/m²）；I 为输出电流（A）；A_a 为燃料电池的活性面积（m²）。

计算时常使用 m 作为单位，绘图分析时常使用 A/cm² 作为电流密度的单位。电极活性/有效面积指垂直于电流流动方向的电极的几何面积。

上述热力学分析基于平衡状态获得可逆电压，而燃料电池的实际输出电压一直低于可逆电压，这称为电极的极化现象（图 7-6 中极化曲线）。这是因为燃料电池在实际工作过程中存在不可逆的电压损失，实际电位与平衡电位的差值称为过电位，实际输出电压是可逆电压

与不可逆电压损失的差值。标准状态下，理论开路电压为 1.23V，电流密度为 0 时实际开路电压只有 0.95~1.05V，主要是燃料电池内电流和氢气渗透引起的开路电压损失[14]。电流密度较小区域、中间区域和较大区域的不可逆电压损失分别由活化极化、欧姆极化和浓差极化主导。

1）活化极化：是克服电极电化学反应活化能引起的电压损失，在活化极化主导的低电流密度区域，随电流密度增加，输出电压下降迅速。

2）欧姆极化：是克服欧姆电阻引起的电压损失，在电流密度中间区域，输出电压随电流密度近似线性下降。

3）浓差极化：是高电流密度时，随反应物在电极表面被消耗，电极表面反应物浓度与电解质中浓度出现较大的浓度差而造成的电压损失。浓度差与传质过程密切相关。在活化极化主导的高电流密度区域，随电流密度增加，输出电压下降迅速。浓差极化也称为传质极化。

（3）功率密度　燃料电池的功率密度有面积功率密度、质量功率密度和体积功率密度等形式。面积功率密度为输出功率与膜电极活性面积的比值，常用于评价燃料电池单电池。质量功率密度、体积功率密度分别为额定功率与质量和体积的比值，常用于评价燃料电池电堆和系统。

（4）燃料电池效率　燃料电池热电转换效率 η_{FC} 定义为输出电能 IVt 与焓变 ΔH 的比值[15]：

$$\eta_{FC} = \frac{IVt}{\Delta H} = \frac{\Delta G}{\Delta H} \frac{V}{\Delta G/nF} \frac{It}{\eta_g nF} \eta_g = \eta_T \eta_V \eta_I \eta_g \tag{7-8}$$

根据热力学，在可逆状态下，燃料电池的理论电效率 η_T 为

$$\eta_T = \frac{\Delta G}{\Delta H} = 1 - T\frac{\Delta S}{\Delta H} \tag{7-9}$$

标准状态下，吉布斯自由能变 $\Delta G = -237.3kJ/mol$，$\Delta H = -285.8kJ/mol$，可得最大效率为 83%。

燃料电池的电压效率 η_V 为：

$$\eta_V = \frac{V_o}{E_r}$$

式中，V_o 为燃料电池实际工作输出电压；E_r 为可逆电压。标准状态下，$E_r^0 = 1.23V$。

电流效率或法拉第效率 η_I 为：

$$\eta_I = \frac{It}{\eta_g nF}$$

式中，It 为电池实际输出电量；$\eta_g nF$ 为依据法拉第定律得到的电池反应电量。质子交换膜具有良好的阻气性能，在电堆绝缘良好的条件下，可以认为 $\eta_I = 1$[15]。

η_g 为燃料利用率，对于氢燃料电池即为氢气利用率，计算公式为[16]

$$\eta_g = \frac{N\frac{mI}{nF}}{H_{flow}}$$

式中，H_{flow} 为实际耗氢量（g/s），通过氢气流量计测定；m 为氢气摩尔质量，$m = 2.016$；F

为法拉第常数，$F = 96485C \cdot mol^{-1}$；$n$ 为氢气电化学反应的电子数，$n = 2$；N 为电堆单电池数量；I 为电流。

文献［16］中燃料电池系统阳极出口电磁阀关闭，即阳极出口闭死，试验表明燃料电池系统高电流（8A）放电时，系统的氢气利用率为 0.9746；低电流（2A）放电时，系统的氢气利用率只有 0.6421，非常低；放电电流为 5A 时，系统氢气利用率为 0.9280。

在标准状态下，电池反应生成水为液态水时，则燃料电池热电转换效率：

$$\eta_{FC} = \eta_T \eta_V \eta_I \eta_g = 0.83 \times \frac{V}{1.23} \times 1 \times \eta_g = \frac{\eta_g V}{1.48} \tag{7-10}$$

由于实际氢燃料电池发动机中还包括其他的耗能辅助附件，比如图 7-2 中的冷却水泵、空压机等，因此氢燃料电池发动机的实际效率 η_e 低于燃料电池自身的效率 η_{FC}。

$$\eta_e = \eta_{FC} \eta_f = \eta_T \eta_V \eta_I \eta_g \eta_f \tag{7-11}$$

其中，辅助系统效率 η_f 为

$$\eta_f = \frac{W_{FC} - W_f}{W_{FC}}$$

式中，W_{FC} 为燃料电池输出功率；W_f 为辅助系统消耗的功率。

在提升燃料电池自身效率的同时，需要综合考虑冷却水泵、空压机等辅助附件带来的损失。

7.2　氢燃料电池的水热管理仿真与设计

7.2.1　PEMFC 水状态和热状态概述

氢燃料电池总化学反应［式（7-3）］是氢气和氧气反应生成水、电能和余热，可见水和余热是伴随氢燃料电池工作一直在产生的反应产物，随着汽车运行，水和余热会持续地产生并积累，因此，有必要及时排出过多的水和余热，以保证燃料电池化学反应和工作的正常进行。阴极反应中消耗氧气、质子和电子产生水并伴随放热，阳极是微弱的吸热反应，而化学反应是在催化层进行的，可见，水和余热的生成关键位置是阴极催化层。对于水管理常对阴极一侧极板流道进行结构优化，以便能更好地排出水。

质子交换膜燃料电池中水的存在形式有液态水、水蒸气，在低温（小于0℃）时也有结冰可能。需要注意，在质子交换膜和催化层中的电解质会与水结合形成一种传输方式与液态水和水蒸气明显不同的"膜态水"。当生成的水不能够及时排出时，会覆盖在燃料电池内部结构上，造成"水淹"，导致氢气和氧气传输恶化、化学反应面积减小，致使燃料电池性能衰减。质子交换膜需要在保持有一定水的环境中才能正常工作，燃料电池系统中常通过加湿装置对气体进行增湿，以实现质子交换膜的合理润湿，例如图 7-2 中在空气回路里的加湿器。

质子交换膜燃料电池有约50%的能量通过热能形式耗散，导致燃料电池温度升高。质子交换膜氢燃料电池的工作温度为 60~95℃，当温度过高时可能导致质子交换膜出现脱水现象，对其带来损伤。当温度过低时极化现象严重，导致输出电压降低。进出燃料电池的冷却液温差要求不超过15℃，确保具有较好的温度均匀性。图 7-2 中的冷却回路作用就是带走耗散热量，并合理控制质子交换膜燃料电池的温度状态。

7.2.2 燃料电池水热管理仿真

1. 仿真尺度和方法

燃料电池 CFD 计算按照研究的尺度级别从大到小有燃料电池发动机系统、燃料电池堆、单电池、单流道、膜电极多孔介质等，其对应的常用仿真手段如下：

1）对于单流道仿真、单电池仿真和电堆仿真，常用三维仿真软件计算，如 Fluent、Starccm+ 和 Comsol 等。

2）燃料电池系统的水热管理常用一维计算完成，如 Amesim。

3）对于膜电极微观多孔介质结构内的流动传热，催化层和气体扩散层中微孔层可使用介观方法，如格子玻尔兹曼方法（lattice Boltzmann method，LBM），常通过编程求解。

2. 控制方程

以燃料电池单流道/单电池仿真为例介绍燃料电池三维 CFD 仿真计算。假设氢燃料电池运行处于稳定状态，气体为理想气体，气流是层流且不可压缩的。早期常采用单相多组分的三维模型对单电池进行仿真，仿真中认为水很快排出，不考虑水淹等问题，产生的水在燃料电池中以气相形式存在。当考虑液相水时，常用饱和度模型、VOF 模型或欧拉两相流模型等。

计算使用的控制方程除质量方程、动量方程和能量方程外，还有组分守恒方程、催化层电化学反应模型、水传输模型和多孔扩散模型等。

1）组分守恒方程：燃料电池气相组分有氢气、氧气、氮气和水蒸气等，阳极气相组分主要是氢气和水蒸气，阴极气相组分主要是氧气、氮气和水蒸气。

2）催化层电化学反应模型：包括电流守恒方程和 Butler-Volmer 方程，电流守恒方程保证电荷守恒，Butler-Volmer 方程用来计算电流密度。

3）水传输模型：电迁移是指质子从阳极向阴极传递时携带到阴极的水量；压力迁移是指水由于膜两侧的压力差，从高压侧迁移到低压侧的现象；浓差扩散是指水由于膜两侧存在浓度差，从浓度高的一侧向浓度低的一侧迁移的现象。

4）多孔扩散模型：燃料电池的膜电极为多孔介质，扩散计算需要各个组分在多孔介质中的扩散率。

3. 网格划分

需要注意 PEMFC 水热管理仿真在计算流体流动和传热时需耦合零部件结构传热进行仿真，因此，仿真区域包括固体结构和流场区域。

图 7-7 所示为燃料电池单流道的三维 CFD 计算网格。催化层、气体扩散层和质子交换膜

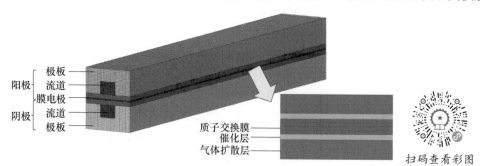

阳极 { 极板 / 流道 }
膜电极
阴极 { 流道 / 极板 }

质子交换膜
催化层
气体扩散层

扫码查看彩图

图 7-7　燃料电池单流道三维 CFD 计算网格

使用六面体网格划分，每部分建议不少于 5 层网格。双极板的结构形状复杂程度往往与截面流道形状相关，燃料电池截面流道形状通常较为简单、规则（如矩形截面），建议使用六面体网格进行划分（长方体、正方体等结构化网格），可以减少网格数目；当增加导流板或者复杂导流结构时，可使用四面体网格进行划分。流道网格优先使用六面体网格，复杂形状时使用四面体网格。

图 7-8 所示为单电池三维 CFD 计算网格。网格划分基本原则与燃料电池单流道计算网格基本一致，区别在于需要对较为复杂的双极板及其流道形状进行网格划分。

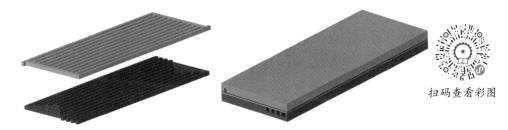

扫码查看彩图

图 7-8　单电池的三维 CFD 计算网格

4. 仿真基本参数汇总

某带冷却的单流道结构如图 7-9 所示。为更方便掌握单流道水热管理仿真需要提供的输入参数，这里借鉴参考文献 [10] 中的案例参数。表 7-2 ~ 表 7-4 给出了某带冷却的单流道水热管理仿真基本参数。其中，表 7-2 对应仿真的几何和网格模型。表 7-3 中给出对不同结构设定不同材料的密度、定压比热容、导热系数和电导率，作为输入参数提供给 CFD 计算。工作电压设定为 0.6V，气体和冷却水的入口温度和出口回流总温均为 80℃；双极板的壁面设为绝热边界，入口的液态水饱和度定义为 Dirichilet 边界，其值为零；各组分边界见表 7-4。

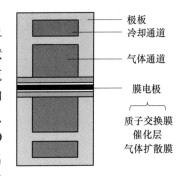

图 7-9　某带冷却的单流道结构

表 7-2　单流道水热管理仿真的几何参数

结构	几何参数		
	高度/m	宽度/m	长度/m
极板	$2.0×10^{-3}$	$2.0×10^{-3}$	$2.5×10^{-2}$
气体通道	$1.0×10^{-3}$	$1.0×10^{-3}$	$2.5×10^{-2}$
冷却通道	$5.0×10^{-4}$	$1.0×10^{-3}$	$2.5×10^{-2}$
气体扩散层	$2.0×10^{-4}$	$2.0×10^{-3}$	$2.5×10^{-2}$
催化层	$1.0×10^{-5}$	$2.0×10^{-3}$	$2.5×10^{-2}$
质子交换膜	$2.5×10^{-5}$	$2.0×10^{-3}$	$2.5×10^{-2}$

表 7-3　带冷却的单流道水热管理仿真材料物理性质参数

结构	材料物理性质参数			
	密度/kg·m⁻³	定压比热容/J·kg⁻¹·K⁻¹	导热系数/W·m⁻¹·K⁻¹	电导率/S·m⁻¹
极板	1880	691	85.5	83000
气体扩散层	440	710	1.7	5000
催化层	2010	710	8	1000
质子交换膜	1980	2000	2	1×10^{-16}

表 7-4　带冷却的单流道水热管理仿真操作参数

参数	值
操作温度/K	353
操作压力/Pa	1.5×10^5
阴阳极入口相对湿度	100%
阴极入口氧气摩尔分数	0.1436
阴极入口水蒸气摩尔分数	0.3158
阳极入口氢气摩尔分数	0.6842
阳极入口水蒸气摩尔分数	0.3158

5. 水热管理的仿真结果

燃料电池单电池水热管理仿真需要关注以下主要结果：

（1）极化曲线和功率密度（图 7-6）　用于确定不同水热管理方案下燃料电池的输出电压和做功能力。

（2）水的分布和状态　图 7-10 所示为电流密度对水分布和温度分布的影响，图中 φ 为液态水占电极各层孔隙的体积分数，也称为液态水饱和度。当电流密度很小时（$I = 0.01\mathrm{A}/\mathrm{cm}^2$），阳极区域出现液态水，这表明阴极的液态水在液压梯度的驱动下通过中间的质子交

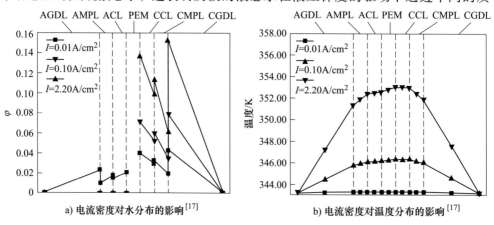

a) 电流密度对水分布的影响[17]　　　　　　b) 电流密度对温度分布的影响[17]

图 7-10　电流密度对水分布和温度分布的影响

AGDL—阳极气体扩散层　AMPL—阳极微孔层　ACL—阳极催化层　PEM—质子交换膜
CCL—阴极催化层　CMPL—阴极微孔层　CGDL—阴极气体扩散层

换膜传输到了阳极；当电流密度增大为 0.10A/cm² 时，由于电渗拖曳效应增强，虽有液态水跨膜扩散到阳极，但是更多的液态水被拖曳到阴极，这使得阳极没有液态水，液态水饱和度为 0，另一方面，电流密度增大阴极产水变多，这使得阴极的液态水饱和度相比低电流密度时有所增加；当电流密度继续增大时（$I = 2.20A/cm^2$），液态水的饱和度增大到 0.14 以上，CCL 层内饱和度高于 0.10，此时反应生成的液态水堵塞反应层孔隙，水淹现象加剧[17]。

（3）热的分布和状态　燃料电池的最高温度出现在阴极催化层，在催化层、质子交换膜和微孔层的温度较高，气体扩散层的温度下降迅速。电流密度越高时燃料电池温度越高。图 7-10b 为不同电流密度时电池内部的温度分布。

7.3　双极板结构设计

双极板中的流道是氢气和氧气供给的通道，同时流道需要保证能够排出液态水避免水淹，可见，双极板的流道结构优化是燃料电池水热管理的重要内容。好的流道设计能够提高气体进入多孔电极的供给速率，及时有效排出液态水避免水淹，使反应具有良好的空间均匀性，同时合理控制流动压降。双极板常见流道结构为平行流道、蛇形流道及其组合流道形式，如图 7-11 所示。

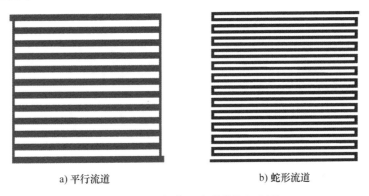

a) 平行流道　　　　　　　　　　b) 蛇形流道

图 7-11　双极板常见流道结构示意图

闵春华提出的改进蛇形流场（the developed modified serpentine flow fields，MSFF）如图 7-12 所示[18]。MSFF 根据两个参数分类：极板流场的分段数（segment number）和每个分段内的流道程数（channel path number）。例如，MSFF-3-5 表示极板流场有 3 段，每段有 5 程。在一段流场中，流体从一侧到另一侧的流动路径称为一个流程。直线流道在每个流场分段的两侧交替 180°转弯。单个蛇形单元以周期规律安装，直到整个膜电极区域被覆盖。当流道程数足以覆盖整个膜电极区域时，具有一个分段的 MSFF 即为典型的蛇形流场。

除对流道基本形式进行组合和改进外，还可以通过流道研究设计三维形状复杂流道来优化气体和水的流动，如日本丰田的氢燃料电池汽车 Mirai 在阴极使用 3D 立体精微流道技术，以改善气体流通和排水性能，如图 7-13 所示。

例 7-1　结合不同分段数和通道程数的改进蛇形流场（MSFF）的极化曲线和功率密度（图 7-14）和进出口压降（图 7-15），分析分段数和流道程数对 MSFF 的极化曲线、功率

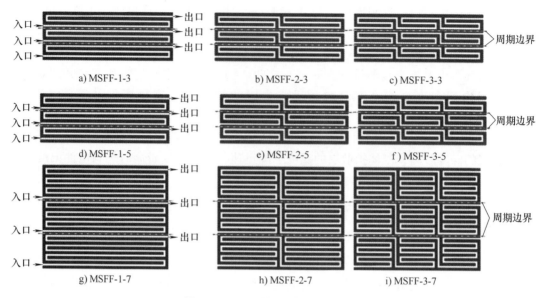

a) MSFF-1-3   b) MSFF-2-3   c) MSFF-3-3

d) MSFF-1-5   e) MSFF-2-5   f) MSFF-3-5

g) MSFF-1-7   h) MSFF-2-7   i) MSFF-3-7

图 7-12　不同改进方案的蛇形流场

密度及进出口压降的影响[18]。

解　图 7-14 显示了质子交换膜燃料电池与平行（parallel）或改进蛇形流场的电池性能比较。与平行流场相比，MSFF 可以改善电池性能。MSFF-3-7 功率密度和输出电压均最大，MSFF-3-7 和平行流场的最大功率密度分别为 0.461W · cm^{-2} 和 0.419W · cm^{-2}，使用 MSFF-3-7，功率密度的提高约为 10.0%。

增加流场分段数或流道程数对电池性能有积极影响。MSFF-1-7 的流道程数比 MSFF-1-3 多出四程，而 MSFF-3-3 比 MSFF-1-3 多出两个分段。MSFF-1-3、

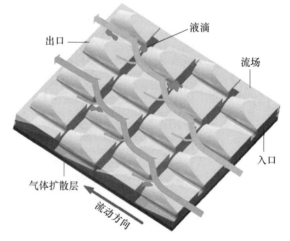

图 7-13　Mirai 中 3D 立体精微流道技术[19]

MSFF-1-7 和 MSFF-3-3 的最大功率密度约分别为 0.423W · cm^{-2}、0.453W · cm^{-2} 和 0.432W · cm^{-2}。因此，在 MSFF-1-3 的情况下，通过增加四程流道和两个分段，功率密度可以分别提高约 7.1% 和 2.1%。

图 7-15 显示了阴极通道入口和出口之间的压降，结合图 7-14，结果表明电池性能越高，压差越大，最终导致压力损失较大。

上述案例为创新型的双极板流道设计案例。创新并不遥远，通过对研究对象精益求精的分析，可以从常规设计中升华出创新点，为氢燃料电池产品提供更多的设计方法和思路，促进我国氢能源动力的发展。

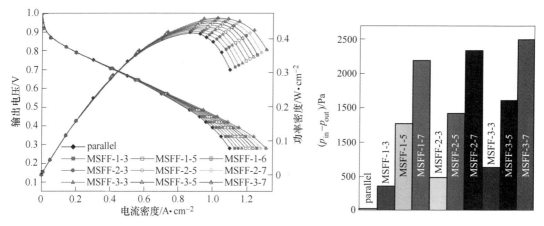

图 7-14　改进蛇形流场的极化曲线和功率密度　　　　图 7-15　改进蛇形流场的进出口压降

习　题

7-1　简述质子交换膜氢燃料电池的基本结构。

7-2　简述质子交换膜氢燃料电池的工作原理。

7-3　结合极化曲线分析燃料电池的极化现象。

7-4　调研综述质子交换膜氢燃料电池水热管理仿真的多尺度问题。

7-5　使用仿真软件开展质子交换膜氢燃料电池的单流道水热管理分析，并撰写研究报告。

7-6　试分析燃料电池发动机使用 MSFF，增加流场分段数或流道程数对整个燃料电池发动机效率的影响。

参 考 文 献

［1］中国汽车工程学会．节能与新能源汽车技术路线图2.0［M］.2版．北京：机械工业出版社，2020.

［2］2021年FCEV销量1586辆！2025年各地政策规划氢燃料电池汽车数量将达6万辆！［EB/OL］.（2022-01-13）［2022-03-22］. https：//chuneng. bjx. com. cn/news/20220113/1199345. shtml.

［3］2021年全球氢燃料电池汽车总销量超1.7万辆，现代全球市占率连续三年居首［EB/OL］.（2022-02-09）［2022-03-22］. https：//view. inews. qq. com/a/20220209A062Y200.

［4］奔驰GLC F-CELL燃料电池汽车动力系统技术解析［EB/OL］.（2019-12-05）［2022-03-22］. https：//www. auto-testing. net/news/show-104594. html.

［5］焦魁，王博文，杜青，等．质子交换膜燃料电池水热管理［M］.北京：科学出版社，2020.

［6］G-POWER 风氢扬科技 CHIGMA 120 产品介绍．［EB/OL］.［2022-03-22］. https：//www. g-pow-ertech. com. cn/products-service.

［7］谭旭光：柴油机不可能消失重型车不会纯电化［EB/OL］.（2019-10-23）［2022-03-22］. https：//www. 163. com/dy/article/ES4R37470527UPT7. html.

［8］COLLEEN S. 质子交换膜燃料电池建模与MATLAB仿真［M］.张新丰，张智明，译．北京：电子工业出版社，2013.

［9］刘行．质子交换膜燃料电池堆振动模态分析［J］.上海汽车，2022（1）：2-6.

[10] 刘洪建. PEMFC 水热管理及性能优化研究 [D]. 济南：山东大学，2020.

[11] 李俊超，王清，蒋锐，等. 质子交换膜燃料电池双极板材料研究进展 [J]. 材料导报，2018，32（15）：2584-2595；2600.

[12] 中国电器工业协会. 质子交换膜燃料电池：第 1 部分　术语：GB/T 20042.1—2017 [S]. 北京：标准出版社，2017.

[13] 金守一，盛夏，潘兴龙，等. 车用质子交换膜燃料电池膜电极组件综述 [J]. 汽车文摘，2019（12）：5-12.

[14] 杜新，张宇. 用开路电压研究 PEMFC 内氢气渗透影响 [J]. 长春理工大学学报（自然科学版），2019，42（5）：48-51.

[15] 衣宝廉，俞红梅，侯中军. 氢燃料电池 [M]. 北京：化学工业出版社，2021.

[16] 翟俊香，何广利，熊亚林. 燃料电池系统氢气利用率的试验研究 [J]. 储能科学与技术，2020，9（3）：684-687.

[17] 蒋杨，焦魁. 质子交换膜燃料电池建模及水热传输特性分析 [J]. 热科学与技术，2019，18（3）：200-205.

[18] MIN C, HE J, WANG K, et al. A comprehensive analysis of secondary flow effects on the performance of PEMFCs with modified serpentine flow fields [J]. Energy Conversion and Management, 2019, 180: 1217-1224.

[19] ZHANG G, JIAO K. Multi-phase models for water and thermal management of proton exchange membrane fuel cell: a review [J]. Journal of Power Sources, 2018, 391 (6): 120-133.